JN124463

ドキュメント

「森友事件」の真相

首相夫妻の野望と破綻、
そして野党共闘

渡辺国男

日本機関紙出版センター

はじめに

「森友事件」は、不動産鑑定価格9億5600万円もの国有地が学校法人森友学園にタダ同然で払い下げられた、前代未聞の事件である。その学校法人が運営している幼稚園の軍国と皇国史観の愛国教育に共鳴していた安倍晋三夫妻は、籠池泰典理事長夫妻と親密な関係にあり、タダ同然で国有地を払い下げる直接、間接の便宜をはかった。政治家の夫が直接できないことを妻が担ったともいえる。「森友事件」は一国の最高権力者夫妻の国家の私物化であり、犯罪といっていい。この事件が明るみになり、安倍昭恵夫人の関与をもみ消すために、虚偽答弁、隠ぺい、公文書の改ざんが行われた。改ざんを強要された職員が自殺するという痛ましい事態まで起きた。

1972年ワシントンD・C・の米民主党本部で起きた盗聴侵入事件で、ニクソン大統領が辞任に追い込まれた。「ウオーターゲート事件」と呼ばれる。メディアはその事件になぞらえて、「森友事件」を「アベゲート事件」とも「森友ゲート事件」とも呼んだ大事件である。お隣の韓国では朴前大統領が立場を利用して政治を私物化した罪に問われ、大統領を弾劾され、罪に問われ、重い有罪判決を受け、獄につながれているというのに、安倍晋三夫妻は罪に問われることもなく、政治的道義的責任も取らず、居直り、幕引きをはかろうとしている。筆者はこのような理不尽なことを到底座視しえない。

「森友事件」を通じて、はからずも安倍首相の軍国と皇国史観の愛国教育思想・政治観があからさまになった。国有地をタダ同然で払い下げ、森友学園の小学校設置を後押しした動機には、歪んだ愛国教育推進勢力が森友学園の小学校をパイロット（先導）校として全国に広げようとする野望があった。本書は何故このような小学校が認可されたのか、その野望と破綻に迫ることにも力点を置いた。

『森友事件』は将棋でいえば詰んでいる」――「森友事件」追及第一人者の一人、辰巳孝太郎前参議院議員（日本共産党）が「森友事件」を語るとき、必ず語るフレーズである。「詰んでいる」とは、対局者が「負けました」とはいっていないが、王将の駒が取られることが必至の形勢であることを指していう。これまでの「森友事件」の追及によって、最高権力者夫婦の関与が明々白々となった。安倍首相は「自分や妻が関わっていたなら首相も国会議員も辞める」と啖呵を切ったが、「申し訳ございませんでした。責任を取って辞めます」と言っていないだけのことである。

安倍首相がそれほどに政権にしがみつくのはなぜか。それはただ一つ、憲法9条改憲の野望のためである。しかし安倍首相の往生際の悪さに、国民感情にあきらめや閉塞感、もどかしさが漂っていることは否めない。

筆者は日本共産党国会議員団大阪事務所員として、石川たえ府会議員や宮本岳志衆議院議員、辰巳孝太郎前参議院議員らの活動を身近に見てきた。改めて「森友事件」はどういう事件だったのか、その背景や動機、国有地をタダ同然で払い下げ、それが明るみに出るや公文書を改ざんしたカラクリの謎の解明に至るまでの全体像と到達点をまとめ、この現状を打開する一石を投じたい。

政権・官界あげての、虚偽答弁、隠ぺい、改ざんが繰り返される中で、このカラクリを解き明かすことは至難の業だった。野党、市民、メディアの奮闘も相まって、ジグゾーパズルの欠落した「ピース」を一つひとつ、埋めていく、根気のいる取り組みが進められた。その舞台裏を広く知っていただきたい。

「森友事件」追及の到達点は、何といっても軍国と皇国史観の愛国教育を行う小学校の開設を食い止めることができたことである。また「森友事件」の追及を通じて、国会内の野党共闘が画期的に深化した。それは、「森友事件」があまりにも酷い事件だったからだ。威勢を誇る、安倍政権や維新の会の醜い行政運営をあからさまにさせることもできた。これらは野党共闘による政権交代にもつながる闘いだと確信している。

追及は続く。あきらめることなく、民主主義の実現を求める国民の共感を期待して、この「ドキュメント」をまとめた。

大阪府議会や国会の論戦は専門用語が出てくるし、官僚のウソとはぐらかし、逃げの答弁は分かりづらい。「森友事件」は何より複雑怪奇である。叙述にあたっては節々でコメントと要約、整理を入れてわかりやすく叙述することを心掛けた。

なお、肩書はすべて当時のものである。また橋下徹氏が当初立ち上げた「おおさか維新の会」は、その後「維新の党」「大阪維新の会」「日本維新の会」と次々名称と組織を変遷させている。煩雑なので本稿では「維新の会」とした。

2019年12月末日

渡辺国男

もくじ――ドキュメント「森友事件」の真相 首相夫妻の野望と破綻、そして野党共闘

第1章

「森友事件」の火付け役・木村真

「森友問題は民主主義を守る闘い」

２０１９年7月4日夕刻、ＪＲ大阪駅ヨドバシカメラ前で、ポロシャツ、ジーパン姿の長身の男が大型宣伝カーの上でマイクを握った。この日は参議院選挙の告示日である。

「豊中の市会議員をやっています木村真と申します。私自身は無所属ということで活動しているんですけど、今日は共産党の辰巳孝太郎さんの応援にやってまいりました」と切り出した。

「2年前になるんですけれども２０１７年の2月、私、国を相手に裁判を始めました。なぜかというと豊中市内にある国有地を森友学園という、はっきり言って怪しげな、私の見方からすると異常な教育をやっているとしか思えない、そういう学園に私たち市民の財産である国有地を売却したにもかかわらず、その契約金額が黒塗り公開された。これはおかしいじゃないか、何を隠しているのかということで、公開を求めて裁判を起こしました。

そのことが国会で大きく取り上げられて、値引きした額が大きいということも分かって森友問題が一連の大問題に発展していったわけです。その中で公文書の改ざんというような、信じがたいことが起きています。にもかかわらず今に至るまで誰一人責任を取っていない。森友問題を通じて、いびつな愛国主義教育を行っている学園への肩入れの問題、あるいは国政の政策決定の私物化という問題、これが公文書の改ざんや文書が見られたら具合が悪い、文書をこっそり捨てている、さらには国会で虚偽答弁をする、都合の悪いものは隠ぺいをする――様々な問題が明らかになったわけですけれども、これは他のいろいろな問題にも通じている。今大きな問題になっている、老後は年金だけでは足らないから２０００万円必要だという報告書を答申したのに気に入らないからといって受け取らない、挙げ句の果てには『答弁しない』と閣議決定までする。信じがたい無茶苦茶なことがまかり通っています。自衛隊の日報隠ぺい、裁量労働制のデータ改ざん、これらは森友の問題と根っこでは同じだと思います。

そういう意味では森友問題は、単なる国有地の叩き売りの問題ではない。もはやこの国の民主主義を守る闘いである。このまま森友問題をうやむやのまますませてしまえば、この国では何をやってもかまわない、この国では権力さえ握っておれば何をやっても構わないということになってしまう。そうなれば壊れかけているこの国の民主主義が後戻りできなくなる。それほど大きな問題だと思っています。責任を取らせるまで絶対終わらせない。そういう強い気持ちで、私たち『森友問題を考える会』はこれからもこの問題を追及していきます。

そういう点で私たちからみて、このたびの大阪選挙区の選挙、何としても辰巳孝太郎さんに勝ち抜いて欲しいと願っています。みなさん、他の野党の議員も追及なさっていたわけですけれども、しかしどう見てもやっぱり宮本岳志さんと辰巳孝太郎さんの２人がずば抜けて森友問題を追及してきたと思います」

参院選の結果は辰巳氏の再選とはならなかった。翌8月の9日、学校法人森友学園への国有地売却や財務省関連文書の改ざんなどをめぐる問題で、大阪第一検察審査会が「不起訴不当」と議決した佐川宣寿（のぶひさ）・元同省理財局長ら10人について、再捜査していた大阪地検特捜部は、再び全員を不起訴処分とし、大阪地検特捜部は解散した。続いて財務省は「森友事件」の決裁文書改ざんで中核的な役割を担った元理財局総務課長・中村稔氏を駐英公使に充てる人事を発表した。安倍昭恵夫人付きの谷査恵子氏をイタリア大使館へ「栄転」させたように、遠く海外の外交官に「栄転」させることによって口封じをはかったのだ。「森友事件」の幕引きがはじまった。

「森友事件」の端緒

あらためて木村真市議を紹介すると、2007年4月初当選以来、連続4期務める大阪府豊中市の市会議員である。所属は無所属。木村市議のもう一つの顔は、「誰でも、一人でも入れるユニオン」北大阪合同労働組合執行委員。

豊中市役所に近い、国道176号線に面した3階建ての古びた建物が、周りから取り残されたように建っている。歩道から外付けのきしむ階段を2階に上がるとそこが木村市議の事務所だ。組合事務所を兼ねているようだ。小規模な会議ならできるほどのスペースに、組合旗やプラカード、拡声器、ビラが雑然と置かれている。

「まるでアジトのようでしょう」

木村市議は自嘲気味に笑う。

二足のわらじの木村市議は議会の中に閉じこもるような人物ではない。日々豊中市内を走り回り、気になることが見つかれば調べ、市民と情報共有し、話し合う。知恵を出し合い、誰もが人として大切にされる世の中を目指して、「市民とともに考え、ともに動く」をモットーにした市民派の活動家である。広い額に真ん中で分けた長い頭髪は油気なくボサボサ。シンボルカラーがオレンジのポロシャツにジーパン、スニーカー姿の木村を市会議員と思う人は少ない。

２０１５年のある日、木村市議は議員活動のニュースを配りにバイクで市内を走っていた。豊中市南部の市街を東西に横切る名神高速道路沿いの広い土地が工事で板囲いされていることに気づいた。板塀には私立の小学校ができると書いてある。

「そのときはまあ、正直ほっとしたんですね。変な施設やなくて、学校でよかった」

と、木村市議はその当時を振り返る。その土地に注目したのは理由がある。その辺り一帯は大阪空港に近く、航空機が着陸する飛行ルートにあたる。着陸体制に入った航空機が超低空で発する騒音公害がかつて深刻だった。１９７０年代から住民の立ち退きが進められ、国が順次買収した国有地だったからだ。

木村市議はいう。

「地元の豊中市はこの土地を含む一帯を公園として整備したいと考え、国に貸与を申し出ていました。公式には明かされていませんが、担当者レベルでは無償貸与という話も出ていた可能性もあります」

木村市議は続ける。

「ところが、その後、国の態度は一転し、豊中市に対して買い取りを求めてきたんです。市としても話が違うってことになったんですね。財政難なので、半分だけ購入することになりました。残り半分が、問題となっている小学校建設用地だったんです」

豊中市が9000平方メートルの国有地を防災公園用地として国から買い取った価格は約14億円。現在野田中央公園として整備されている。その小学校の建設用地は2車線の道路を挟んで西隣にある。広さは豊中市が買い取った用地より少し小さいがほぼ同じだ。この小学校建設予定地を含め、辺り一帯を防災公園として整備する構想があった地元として、残りの土地がどう活用されるか、注目されていたのだ。

小学校設置申請者は学校法人「森友学園」

ちょうどその頃、その小学校を設置するのは塚本幼稚園を運営する森友学園らしいという噂が木村市議の耳に入った。塚本幼稚園というのは、神崎川を挟んで豊中市の南端を接する大阪市淀川区塚本にある大阪でも最も古い歴史のある、豊中でも名の知られた私立幼稚園である。豊中市民にも塚本幼稚園に通わせる親たちがいる。しかし今の理事長になってから塚本幼稚園は厳しいしつけをやってくれるという評判がある一方、園児たちに教育勅語の暗誦や軍歌を唱和させる、特異な教育をしていることは知る人には知られていた。

木村市議はまさかと思い、ネットで検索してみた。噂は本当だった。塚本幼稚園を運営している学校法人が小学校の校舎建設工事を始めていたのだ。その名は森友学園。理事長は籠池泰典。

「教育勅語は、天皇が臣民に対して向けた言葉なわけでしょ。私塾ならまだしも、学校教育法に基づく教育機関で、そんな憲法の理念に反するような教育は許されない。地元にそんな学校できたらたまらんと思った」

木村市議は当時の憤激を振り返る。

市民とともに、学校給食の充実や住環境を破壊する乱開発反対、障害者の権利、反戦平和・反基地、脱原発と自然エネルギー推進などの運動に取り組んできた木村市議にとって、こんな戦前の亡霊のような教育理念を掲げた小学校が豊中に作られることは招かざる客である。

開設予定の小学校のホームページを開くと、学校名は「瑞穂の國記念小學院」。何と古めかしい漢字づかい、ネーミングなことか。驚いたことに名誉校長に安倍晋三首相の昭恵夫人の名前が連ねられているでないか。それだけではない。園児たちが唱和する教育勅語やヘイトスピーチ、安倍首相礼賛の動画がアップされている。目を覆いたくなるような動画だ。このことは次章で触れたい。また日本会議の関係者が複数人森友学園で講演した記述があり、塚本幼稚園が日本会議の関係者の勉強会の会場になっている。森友学園は日本会議とかなりつながりがあるらしい。

〈安倍首相は日本会議と近い存在。もしかしたら、これは国有地の取得をめぐって、何かうさん臭いことがあるかもしれん〉

木村市議は直感的に思った。

〈これは調べてみる値打ちがある〉

獣が餌食の的を定めたようにつぶやいた。

木村市議はまず法務局へ行き、小学校予定地の登記簿にあたってみた。すると土地の所有が運輸省（現在の国土交通省）となっているではないか。所有者は森友学園ではないのだ。かつて大阪空港の騒音対策で辺り一帯の土地取得を進めてきた担当官庁のままである。

〈校舎の建設工事はすでに始まっていたので、てっきり所有者は森友学園のものになっていると思っていたのでおかしい〉

木村市議は首を傾げた。

さらに国有財産を管理している近畿財務局に電話で問い合わせてみた。

「定期借地権付きで貸してます」

電話に出た池田靖と名乗る統括管理官はそう答えた。定期借地権とは期限付きの借地契約のこと。森友学園が期限付きで国土交通省から借り受けているということだ。

〈あれっ？　豊中市には「貸せない」「買い取れ」とあれほど言っておきながら、なぜ森友学園には貸し付けたのだろう？〉

木村市議はますます疑問を深めた。貸しているなら賃料があるはずだ。

「いくらで貸しているのですか」

「言えません」

断定した口調だが、〈ついに嗅ぎつけられたか〉と、オロオロしたような統括管理官の顔が木村市議の目に浮かんだ。

ますますおかしい。木村市議は賃料を明らかにさせる方法はないものか、考えた。

〈そうそう情報公開請求すればいいではないか〉

翌２０１６年６月のある日、大阪市中央区にある近畿財務局に出向いて情報公開請求の手続きを行った。

「金額までは出せないかもしれません」

電話で問い合わせた時対応した先の統括管理官は予防線を張った。

後で分かることになるのだが、この池田靖氏こそ籠池泰典森友学園理事長と土地取引の交渉をしていた人物である。

木村市議は予防線に負けずに語気を強めて言った。

「万が一、黒塗りやったら即刻裁判起こしますよ」

間もなくして開示請求した文書が届いた。案の定金額も含めてあちこちが黒塗り。このときの文書は「貸付合意書」（国有財産有償貸付合意書）だった。

とことん解明へスイッチ

〈これは決定的におかしい〉

と木村市議は思った。

〈これはとことん解明しなければ〉

木村市議の胸にスイッチが入った瞬間だった。

その直後、与党系議員（市議）から「あの土地、森友に売却したらしいで」と耳にした。それならと、木村市議は9月に入ってから「売買契約書」の情報公開請求を行った。しかしというか、やっぱりというか、金額は黒塗りだった。

〈よほど隠したい何かがある〉

人間は隠されれば隠されるほど真実を知りたくなる性がある。木村市議の真相を探る闘争心はますます高まった。

木村市議は金額が非公開なのはおかしいと訴えるビラを作り、仲間と配りはじめた。市民からそれなりに反響があった。こういう手応えがあると、木村市議の調査活動にも力が入る。

近畿財務局のホームページを丹念に調べていくと、近畿財務局が過去3年間に、森友学園と同じように随意契約で売却した国有地が30件以上あった。しかし金額が公表されていないのは森友学園のケースだけだと分かった。

学校の認可条件についても調べた。森友学園が申請した小学校の設置認可申請は、2014年12月に開かれた大阪府私立学校審議会の定例会で審議されたが、委員のほとんどから計画に対する懸念が出され、いったん保留になったこと。しかし翌月開かれた臨時会（2015年1月）で、条件付き「認可適当」とされ、設置が事実上承認されたことが分かった。財務状況が安定しているかどうか、校地は自己所有であることなどが主な認可基準なのに1カ月で大きく変わったとは考えにくい。まさに異例の扱いだった（この点は第3章で詳細）。

一方、森友学園へ国有地を処分する妥当性の是非を審議する近畿財務局の有識者会議「国有財産近畿地方審議会」では、最終的に買取りを前提に定期借地とすることを了承したものの、各委員から小学校の経営見通しについて「大丈夫なのか」と危惧する指摘が相次いで出された。それほど森友学園の資金計画は杜撰で資産・財務状況はよくなかったのだ。

木村市議の多くはない仲間だけで、この疑惑を解明する運動を続けるには限界があると思った。世論の力を借りる以外にない。

「いろんな状況証拠が揃ってきたという感じでした。こうした資料なども揃えて、これまでに名刺交換したことがある新聞社やテレビ局の記者にメールで情報提供したんです」

朝日新聞と毎日新聞、NHK、共同通信などの記者が取材にきた。2016年11月末のことである。

しかしいっこうに報道される気配がなかった。

〈疑惑ということだけでは報道するのは難しいんやな。状況証拠は十分すぎるほどに揃って

いるのに〉

木村市議は歯ぎしりした。

次の行動に移ることにした。金額の情報開示を求める裁判を起こすことにしたのだ。

売却額の情報開示求めて提訴

木村市議らは、情報公開請求に対して売却価格を非開示とした近畿財務局の対応は違法だとして大阪地裁に提訴した。2017年2月8日のことである（なお、大阪地裁は2019年5月30日、国の責任を一部認める判決を下した。木村市議らは大阪高裁へ控訴。同年12月17日、売却額や特約条項の不開示は違法との判決を下し、木村市議らは全面勝訴した）。

提訴後、大阪地裁の司法記者クラブで行った記者会見には、たくさんの記者が集まった。翌日には各社が報道した。森友学園疑惑にかかわる初めての報道である。

しかし裁判で結論を得るには長い時間と費用を要する。裁判だけに頼らないで金額を知ることはできないものか。それはあった。

「売却価格は非開示だったんですが、実は推測する手がかりが登記簿に書かれていたんです」

と木村市議。不動産の売買契約に「買い戻し特約付き」という付帯条件が付くことがある。とくに公共目的で購入を希望する自治体や学校法人、社会福祉法人などを優先する「公共随意契約」の場合、売却した不動産が付帯された条件外に使われたり、転売されることを防ぐために、不履行の場合買い戻すことができるとしているのだ。この小学校用地の場合、その特約買い戻し額が1億３４００万円と記載されている。

木村市議はいう。

「買い戻し金額は、そもそもの売却価格と同じくらいになるのが普通なんですけど、あまりの低さに〈まさか〉と思わせる金額だった」

東隣に整備されている野田中央公園の用地は豊中市が14億２３００万円で国から購入している。ほぼ同じ広さの隣地が10分の1ほどの1億３４００万円とはあまりに低すぎる。これは何かある。調べれば調べるほど奇怪さが深まった（以上は関根和弘氏の木村市議へのインタビュー記事をベースに、木村市議のホームページ、筆者の取材を加味して再構成したものである）。

木村市議らが提訴したことが全国報道されるや、「森友事件」解明の舞台はメディア、国会に移った。しかし木村市議は地元で「森友学園問題を考える会」を立ち上げ、宣伝・啓蒙活動・講演会などに取り組んでいる。

今も「会」は「森友問題は終わっていない。終わらせてはいけない」と粘り強い運動を続けている。前回の証人喚問で「刑事訴追の恐れがある」としてほとんど証言しなかった佐川元理財局長は、不起訴処分になりその恐れがなくなった。ならばと佐川理財局長を再び証人喚問する宣伝署名活動に力を入れている。

筆者も何度か「会」の講演会やシンポジウムに参加したことがある。主な会場となる豊中市立文化芸術センター内のホールは常に満席だ。催しごとに参加者にアンケートを取り、必ず入会とメールアドレスの登録を呼びかけている。その登録数は4000人近いと聞く。地元とあって関心が高いということもあるが、その時々の「森友事件」にかかわる企画を立て、メールマガジンとSNSで情報を発信する。もちろん紙媒体のニュースを配布、郵送し、企画を案内する。これが催しを持続的に成功させる力になっている。取り組みを一過性のカンパニアにとどめず、持続的に取り組めているのは、物事を組織し、運動化することに熟知した木村市議ならではのことである。

第2章

軍国と皇国史観の愛国教育、安倍晋三礼賛学園

教育勅語を毎朝暗誦

前章で塚本幼稚園を「園児たちに教育勅語の暗誦や軍歌を唱和させる、特異な教育をしている」と紹介した。では塚本幼稚園で実際にどんな教育が行われていただろうか。

木村市議が国有地売却額の公開を求めて大阪地裁に提訴した記者会見後、「森友事件」が全国に知れ渡たり、森友学園と塚本幼稚園に関心が集まった。

中でも園児たちが教育勅語を声を張り上げて暗誦する動画が注目された。日の丸が掲げられた講堂の舞台に向かって横一列に整列した園児たちは、担任の先生が発する「教育勅語！」の合図によどみなく暗誦を始める。

我カ（わが）臣民（しんみん）克ク（よく）忠ニ（ちゅうに）克ク（よく）孝ニ（こうに）億兆（おくちょう）心ヲ一ニシテ（しんをいつにして）世世（よよ）厥ノ（その）美ヲ（びを）濟セルハ（なせるは）此レ（これ）我カ國體（こくたい）ノ精華ニシテ教育ノ淵源（えんげん）亦（また）實ニ（じつに）此ニ（ここに）存ス（ぞんす）

動画に流れたフレーズは、教育勅語の冒頭のフレーズに続く部分だ。

この節の意は次のようなものだ。

〈我が臣民はよく忠にはげみよく孝をつくし、国中のすべての者が皆心を一にして代々美風をつくりあげて来た。これは我が国柄の精髄であって、教育の基づくところもまた実にここにある。あなたたち国民は天皇家の臣下です。今まで、国民は天皇家の臣下としては主君に忠誠を尽くし、子どもとしては親に孝行をしてきました。この歴史こそが、この国の根本であり、素晴らしいところです。そして教育の原理もそこに基づくのです〉

臣民とは、戦前の大日本帝国憲法のもとで、君主に支配されるものとしての国民を指す。主権は天皇にあり、国民は天皇の臣下だった。国民は君主に仕える家来ということだ。そもそも勅語というは、君主である天皇が臣下である国民に対して「天皇に常に国民は奉仕しなさい」と説いた皇民思想である。戦前の戦争はすべて天皇の名のもとに遂行された。現憲法の天皇の規定は象徴であり、一切の政治的権能を有さず、主権は国民にある。教育勅語は現憲法の根本原理とまったく相容れない。戦後、この教育勅語は軍国主義教育の象徴であり、無謀な戦争を遂行、助長したとして軍人勅諭とともに失効している。

塚本幼稚園ではそういう時代錯誤の教育勅語を毎朝園児たちに暗誦させているのだ。戦前、戦争遂行に望ましい人間像を教え込む授業として「修身」という教科があった。教育勅語は「修身」の国定教科書の末尾に掲載されており、尋常小学校の４年生で暗誦されていた。それも週２時間の修身の教科で朗読する程度だった。

むろんそれだけではない。平井美津子『教育勅語と道徳教育』(日本機関紙出版センター、2017年6月)によれば、天長節をはじめ皇室にかかわる祝い事の時に教職員、生徒は登校し、次のような儀式を行っていた。

①校長をはじめ教師、子どもたちが御真影に最敬礼し、両陛下万歳をする(御真影がない学校はこの部分は省略)、②教育勅語奉読、③校長先生のお話、④祝祭日の唱歌(君が代、紀元節、天長節など8曲)を唱和(19ページ)。

斉加尚代/毎日放送映像取材班『教育と愛国』(岩波書店　2019年5月)に、軍国少女だった元教員の北村小夜子さん(東京都大田区在住)をインタビュー取材した記事が紹介されている(北村さんには『戦争は教室から始まる』〈現代書館〉という著書がある)。

「北村さんが見せてくれた戦前のその写真の黒板には『擧国』『熱烈な愛国心』などの文字が大きく書かれていた。北村さんによれば、この授業で学んでいるのは『修身』(道徳)ではなく、国語だという。戦前・戦中の教育の目的は、教育勅語に基づいた愛国的な国民を育てることだったため、国語や算数などの主教科でもこうした学習がさかんにおこなわれていたのだ」(78ページ)

「修身」の教科は戦後軍国主義との関わりなどから批判され、これも廃止されている。それが戦後70年近くが経過し、その当時よりずっと年少の幼稚園児に難解な教育勅語を毎朝朝礼時に暗誦させているとは驚くべきことである。筆者はこの動画を観て今時こんな教育があるのかと一瞬信じられなかった。

この動画がネット上に流れるや「ヤバすぎる」「怖い」「マジキモい」「子供にこんなことをやらせるなんて酷い」「まるで北朝鮮みたい」という書き込みが相次いだ。

まだ分別がつかない子どもに、意味のわからないまま暗誦させることは、偏狭な考えを植え付け、染め上げるというだけでなく、社会には多様な考え方があるというバランス感覚を育てるうえで障害になるだろう。

「教育勅語」を暗誦させているだけではない。園児に五箇条の誓文を暗誦させ、旭日旗（注・日の丸ではない）を手に持たせ、「愛国行進曲」や「海ゆかば」「軍艦マーチ」など軍歌まで唱和させている。

園外にも出張っている。大阪護国神社で行われた「日本戦後一新の会」の政治集会で、教育勅語を朗唱した後「日の丸行進曲」「愛国行進曲」「日本」を唱和させている（２０１４年４月５日）。

「日本戦後一新の会」というのは、平沼赳夫衆議院議員を最高顧問とする極右団体。ネットで検索すると、副会長に籠池靖憲の名が連ねられている。籠池靖憲は籠池泰典理事長の別名である。

海上自衛隊の戦艦の入港式にも出張り、お揃いの水兵ルックの衣装に身を包み、合奏している。また旭日旗を持たせ振り付きで軍歌を唱和させている動画を今も見ることができる。

軍歌は、1937年日中戦争の口火が切られ、戦時体制が強化され太平洋戦争へ突入していく過程で、「国民精神総動員」の一環として奨励された。軍歌は流行歌の一つというようなものではない。兵隊に取られるのも犠牲になるのも国民である。戦争というのは総力戦。国民の全面的な後押しがなければ遂行できない。父や母が男子を、若い妻が夫を進んで兵隊に送り出し、天皇と「お国のために」死ぬことは美徳であるという雰囲気を醸成する必要があった。軍歌はその舞台装置であり、国民を戦争に駆り立てていく国策だったのだ。軍歌によって国民はいっそう戦争熱をあおられた。

平井美津子氏は前著で「愛国行進曲」の2番の歌詞について次のように述べている。

「『起て一系の 大君を 光とわに 戴きて 臣民われら 皆共に 御稜威（みつ）に副（そ）わん 大使命 往け八紘（はっこう）を 宇（いえ）となし 四海の人を 導きて 正しき平和 うち建てん 理想は花と 咲き薫る』という歌詞です。意味は『代々ずっと続いてきた天皇。天皇の臣下であるわれら国民は必ず心を一つにして天皇の威光を広めて、世界中の人を導き、平和な世界をつくり、世界の中で咲き誇ろう』というものです。

この歌詞を見てどこかで聞いたような気がしました。安倍総理がよく使う『世界の真ん中で、咲き誇ろうではありませんか』という言葉とぴったりなのです」（6ページ）

それもそのはずだ。「八紘」は八方、全世界の意。「宇」は家の意。「世界を一つの家にする」

という意味の「八紘一宇」は、第2次世界大戦中に日本の中国、東南アジアへの侵略を正当化するためのスローガンとして用いられたからだ。安倍首相は今も「大日本帝国」を夢見ているようだ。

塚本幼稚園の特異さの極めつけは、運動会でヘイトスピーチ、安倍晋三総理大臣を礼賛する宣誓をさせていることだ。

「大人たちは日本が他の国々に負けぬように、尖閣諸島、竹島、北方領土を守り、日本を悪者として扱っている中国、韓国が心を改め、歴史教科書で嘘を教えないようお願いいたします。安倍首相ガンバレ、安倍首相ガンバレ。安保法制国会通過よかったです」

この動画が報道され、ネットにアップされるや、教育勅語を暗誦させる動画以上に衝撃を与えた。この動画にも驚きのコメントがたくさん書き込まれた。「洗脳っぷりが凄まじい宣誓に吐き気がする」。まさに塚本幼稚園は、軍国の愛国主義、安倍晋三の洗脳教育機関といっていい。ヘイトスピーチということでは、塚本幼稚園から大阪府教育庁へ次のようなファックスが返されてきたことがある。

北朝鮮が核実験を行った際、大阪府の教育庁は、「核実験は断じて容認できるものではないが、このことによって在日韓国・朝鮮人の幼児・児童・生徒に対するいじめや嫌がらせが生起することがあってはならない」との通知を出した。それに対して塚本幼稚園から、「了解しました。

いつも同じことをＦａｘしていただいても、私共すべがわかりません。やられたらやりかえす様に朝鮮人、中国人には気をつけるように指導します。ありがとうございました」（２０１６年９月12日）というものだ。塚本幼稚園は大阪府の通知など屁とも思っていない。

ロイター通信　異常な愛国教育ぶりを配信

ロイター通信は全世界に「大阪の幼稚園で戦前教育、園児が『教育勅語』唱える」と驚きをもって配信した（２０１６年12月14日）。

この記事は「大阪にある塚本幼稚園では、園児たちに戦前の『教育勅語』や『五箇条の御誓文』を毎日唱えさせている。園長は、伝統的な日本人としての美徳を子どもたちに学ばせていると話すが、専門家からは国際社会における日本の立場の変化を反映しているとの指摘も聞かれる」というリードで始まる。少々長いが、塚本幼稚園の特徴がよくつかまれているのでおつきあい願いたい。

「大阪にある塚本幼稚園は一見すると、普通の幼稚園に見える。だが同園のカリキュラムは戦前の日本を思い起こさせる。

安倍昭恵首相夫人も訪問した塚本幼稚園幼児教育学園は、日本の伝統や文化に重点を置いたカリキュラムのなかで、３～５歳の幼児に愛国心を育むことを目的としている。

制服を着た園児たちは毎朝、日本国旗の前で国歌を歌い、１８９０年に発布された『「教育勅語」』を復唱する。教育勅語は第２次世界大戦後、米軍を含む連合国軍総司令部（ＧＨＱ）によって廃止された。多くの人が、日本の軍国主義をあおる一助となった、服従と道徳心の源であると教育勅語を捉えていた。

日本政府は１９４７年、戦後の平和憲法の自由主義的で民主主義的な価値を強化すべく、教育基本法を施行した。

塚本幼稚園は15年前から教育勅語を導入。ただし、園職員はナショナリズムを刺激する意図はないとしている。

『「よく言われるナショナリズムと、私たちが教育のなかで進めようとしている、愛国主義や日本主義をもっと高らかに世界各国に広めていこうとすることは、全く違う」』と、籠池泰典園長は話す。

籠池氏は、安倍政権と関係が近いナショナリストの民間団体『日本会議』の大阪支部長でもある。

塚本幼稚園で園児たちが習うのは、和楽器や武道、将棋などだ。軍事基地へ『遠足』にも行く。

籠池園長は、子どもたちが他国の脅威に対する自国防衛に備えるため、他の教育施設でも自分たちのカリキュラムを導入することを期待していると語る。

日本に危機が及ぼうとするなら戦わねばならず、そのためには戦争放棄を規定する憲法第９条の改正が早急に必要だと、同園長は主張する。

憲法改正は与党・自民党の主要政策課題の1つだ。安倍政権はすでに集団的自衛権の行使を容認する憲法解釈を変更している。

塚本幼稚園の案内パンフレットによると、来年には小学校も開校予定で、安倍首相夫人が名誉校長に就任するという。

専門家からは、安倍首相夫人がこうした学校の運営に携わることに驚きを感じるとともに、国際社会における日本の地位の変化を示すものとの声も聞かれた。

テンプル大学日本校のマイケル・チュチェック非常勤教授は、夫人が首相の代理として見られることがしばしばあると指摘。第1次安倍内閣では、学習指導要領に愛国心教育を盛り込むため、教育基本法が改正されている。

『日本の防衛を日本自身に担わせることで、駐留米軍を削減もしくは撤退させたいというトランプ次期米大統領の思惑と、日本を強い国にしたいという安倍首相の思惑が一致したと多くの人は考えているようだ』とチュチェック非常勤教授は語る」(Kwiyeon Ha 記者　翻訳：伊藤典子　編集：下郡美紀)

ロイター通信特派員は、日本の15年にわたる侵略戦争によって、アジア・太平洋諸国で2000万人、日本人で310万人以上の多大な犠牲者をもたらした、あの戦争を推進したバックボーンの教育勅語が、今時反省もなく毎朝暗誦させられていることに驚愕したに違いない。何故ならヨーロッパ諸国では第2次世界大戦を深く反省し、戦争犯罪者は今も追及されているからだ。「過去に目を閉ざす者は、現在も盲目になる」――ワイゼッカー元ドイツ大統領のこの言葉がヨーロッパでは広く受けいれられている。この言葉は歴史を直視することを国民に呼びかけているのだ。教育勅語を毎朝暗誦させている現実を目の当たりにして、何という違いか、という思いがこの記事を書かせたのだろう。

特派員は安倍内閣が集団的自衛権行使容認を閣議決定し、憲法９条の改憲に執念を燃やしていることと重ね合わせて、森友学園の軍国と皇国史観の愛国教育を記事にまとめている。記事は核心を突いている。

森友学園　籠池泰典理事長

大阪市淀川区塚本１丁目にある森友学園の事務所は、同学園が運営する塚本幼稚園と同じ３階建ての建物にある。１階と２階が幼稚園。３階が学園事務所と理事長室兼園長室だ。

正面玄関から中に入ると、１階で目につくのは教育勅語が掲げられた大きな額。日の丸の旗。安倍総理大臣の写真。階段の途中にも教育勅語が掲示されている。教室をのぞくと、黒板には天皇と皇室の写真が何枚も貼られている。軍国の愛国教育、天皇・皇室崇拝、安倍首相への心酔ぶりがよくわかる。

塚本幼稚園は大阪で最も古い、北大阪では名門の私立幼稚園である。創立当初からこのような教育が行われていたのではない。森友学園創立者・森友寛の長女・真美（現籠池諄子）と結婚した籠池泰典氏が理事長に就任してからこのような教育方針がとられるようになった。

塚本幼稚園のホームページには、教育方針として、「毎朝の朝礼において、教育勅語朗唱、君が代斉唱します」と書かれている。

籠池理事長は何が契機で教育勅語を教育理念にしようとしたのだろうか。

阪神・淡路大震災が発生（1995年1月）した際、人々の行動には矜持があったとし、その矜持を育むことこそ教育であると考え、教育の根幹を十二の徳目におき、教育勅語の導入を始めたという。

十二の徳目とは、動画で教育勅語が暗誦された次のパラグラフに出てくる一節だ。


爾（なんじ）臣民（しんみん）父母ニ孝ニ（ふぼに こうに）兄弟ニ友ニ（けいていに ゆうに）夫婦相和シ（ふうふ あいわし）朋友相信シ（ほうゆう あいしんじ）恭儉（きょうけん）己（おの）レヲ持（じ）シ博愛（はくあい）衆（しゅう）ニ及（およ）ホシ學（がく）ヲ修（おさ）メ業（しゅう）ヲ習（なら）ヒ以（もっ）テ智能（ちのう）ヲ啓發（けいはつ）シ德器（とっき）ヲ成就（じょうじゅ）シ進（すすん）テ公益（こうえき）ヲ廣（ひろ）メ世務（せむ／せいむ）ヲ開（ひら）キ常（つね）ニ國憲（こっけん）ヲ重（じゅう）シ國法（こくほう）ニ遵（したが）ヒ一旦緩急（いったんかんきゅう）アレハ義勇公（ぎゆうこう）ニ奉（ほう）シ以（もっ）テ天壤無窮（てんじょうむきゅう）ノ皇運（こううん）ヲ扶翼（ふよく）スヘシ

ここに述べられている徳目は次のような意味だ。

〈お父さんお母さんに孝行し、兄弟仲よくし、夫婦は仲むつまじく、友達同士、信頼し合い、慎み深く行動し、博愛の心を持ち、勉強に励み、仕事を学び、知識才能をさらに高め、道徳心や才能を伸ばし、進んで公共の利益のためになり、世の中のためになる仕事をし、つねに大日本帝国憲法を重んじ、法律を守り、ひとたび緊急事態がおきたら、勇気をもって国家や天皇のために命をささげて戦いなさい〉

教育勅語の十二の徳目は決して同列ではない。最後の「ひとたび緊急事態がおきたら、勇気をもって国家や天皇のために命をささげて戦いなさい」という究極の目的のために、その他の徳目が位置付けられている。教育勅語の徳目の最後は、「自分の身を捨ててでも人のために」というような普遍的な意味合いではない。教育勅語は天皇のために命を捧げなさいといっているのだ。

教育勅語には「良いことも書いてある」という政府要人の発言が相次いだ。

「日本は、教育勅語の言っている道義国家を目指すべき」（稲田朋美防衛大臣）

「（幼稚園などの教育現場で子どもたちに教育勅語を暗誦させることは）教育基本法に反しない限りは問題のない行為であろうと思います」（義家弘介文科大臣）

「教育勅語を授業に活用することは、適切な配慮の下であれば問題ない」（松野博一文科大臣）

「政治的、法的効力を失った中で、適切な配慮の下で教材で用いられること自体問題ない」（菅義偉官房長官）

「アレンジした形で、例えば道徳等に使うことができる分野は十分にあるという意味では、普遍性を持っている部分が見て取れる」（柴山昌彦文科大臣）

極めつけは、「オール沖縄」で推された仲里利信衆議院議員が提出した「教育勅語を道徳教育に用いようとする動きに関する質問主意書」に対して、「憲法や教育基本法に反しないような形で教材として用いることまで否定されることではない」との答弁書を閣議決定したことだ。「一定の配慮」というが、塚本幼稚園では何の「一定の配慮」も何もなく、毎朝園児たちはただ暗誦させられているのだ。だいたい3〜5歳の園児に「一定の配慮」など分かろうはずもない。

籠池理事長はメディアのインタビューに答えて、「何かことがあったとき、自分の身を捨ててでも人のために頑張んなさい。そういう教育勅語のどこが悪い。まったく悪くない」といってはばからない。

しかし、大日本帝国憲法のもとで主権が天皇にあり、国民は臣下であることを切り離して教育勅語を解釈するのは間違っている。

「瑞穂の國記念小學院」名誉校長に安倍昭恵の名

籠池理事長が安倍晋三総理大臣の昭恵夫人を知ったのは、塚本幼稚園のＰＴＡの父母のつながりを通してのことといわれる。

２０１５年９月５日、森友学園が新しく開校予定の「瑞穂の國記念小學院」の名誉校長に就任した昭恵夫人は、塚本幼稚園の保護者の前に立ち記念講演を行っている。

「籠池園長、副園長から熱い熱い思いを何度も何度も聞かせていただいて、この『瑞穂の國記念小學院』、何か私もお役に立つことはないかなあと思いまして、名誉校長を引き受けさせていただいたわけです」

テレビ東京のナレーターは、あくまで森友学園の教育理念に共感した昭恵夫人が名誉校長に就任したことを強調する。昭恵夫人が名誉校長に就任したのは、籠池夫妻に騙されたとか名前を使われたという見方がある。しかしこの話は一対一の話の中で出たオフレコの話ではない。多くの父母を前にした講演の中で、塚本幼稚園の教育内容に共鳴して名誉校長を引き受けたと熱く語っていることである。名誉校長は進んで受けたとみるのが自然だろう。

２０１７年３月21日行われた、籠池理事長への証人喚問で、小池晃議員（共産党）の尋問に対して次のように証言している。

小池議員「安倍昭恵さんに名誉校長になってほしいと要請した時に、最初は断ったのでしょうか。それとも、すぐその場で受け入れたのでしょうか」

籠池氏「1秒ほど戸惑っていましたが、即断していただきました」

後日安倍首相は「就任を断ったのに、その後の講演で突然『名誉校長就任を』と紹介されて、最終的に受けることになった」と答弁しているが、軍国と皇国史観の愛国教育の酷さが知れ渡るようになり、それまで蜜月関係だった森友学園や籠池泰典氏と距離を置き、軌道修正し始めたのだ。いや安倍首相は手のひらを返したのだ。

籠池氏は校名を当初「安倍晋三記念小學院」と考えていた。それほどに安倍首相に惚れ込んでいた。なぜ惚れ込んだのか。軍国と皇国史観の愛国教育が安倍首相とまったく同一思想だったからだ。それも籠池氏の一方的なものでない。

昭恵夫人は、校名に「安倍晋三記念小學院」の名を伝えられた夫の言葉として、先の講演の中で次のように語っている。

「こちらの教育方針は、主人（安倍晋三総理）も素晴らしいと思っていて、先生（籠池泰典理事長）からは、『安倍晋三記念小學院』という名前にしたいと、当初はいっていただいていたんですけど、主人が『総理大臣というのは、いつもいつも良いわけではなくて、時には批判にさらされることもある』と。『もし安倍晋三の名前を付けていただけるのであれば、総理大臣を辞めてからにしていただきたい』」

安倍首相は森友学園の教育理念を「素晴らしい」と評価していたのだ。

後日のことになるが、籠池泰典氏は、国や大阪府、大阪市の補助金計約１億７千万円をだまし取ったとして詐欺などの罪に問われ、被告人質問が行われた（２０１９年８月28日、大阪地裁）。秋田真志主任弁護士が、安倍首相夫妻との関係について尋問したなかで、籠池氏は次のように証言している（大阪日日新聞２０１９年８月30日付／相澤冬樹「籠池夫妻法定ドラマ」）。

秋田弁護士「『安倍晋三記念小學院』という名称にしようとしたのはどういう経過ですか」

籠池氏「昭恵夫人に、こういう名前にさせていただきたいので、ご本人に聞いてほしいとお願いしました。昭恵夫人からは『私が言ったら大丈夫ですから、主人には伝えておきます』ということでした。ところが平成26年３月に都内のホテルで昭恵夫人にお会いしたら『その名前はダメになりました』と」

森友学園の教育にぞっこんほれ込んでいた安倍首相でも、総理大臣在任中に「安倍晋三記念」

を冠することはさすがにはばかれた。やむなく籠池理事長は、「瑞穂の國記念小學院」を校名にすることにしたのだ。それだけではない。安倍首相は塚本幼稚園で講演もする予定だったのだ。秋田弁護士の尋問が続く。

秋田弁護士「名称については安倍さんに直接連絡していないわけですね?」

籠池氏「講演をお願いしておりました。ところが(自民党)総裁選に出ることになって『ドタキャンだけど申し訳ない。(いずれ講演に)必ず行かせてもらうので』という電話が、私の携帯に直接ありました」

一国の首相の携帯番号を知っている人は、極々限られているはずだ。その携帯で講演依頼を直接やり取りするほどに籠池理事長と安倍首相は親密な間柄だったのだ。

なお2017年3月23日に行われた証人喚問で、籠池氏は10年間の国有地定期借地の契約をもっと長くできないか、「昭恵氏に助けをいただこうと考え、携帯電話に電話した」と冒頭証言している。籠池氏は安倍首相だけでなく、昭恵夫人の携帯番号まで知っている間柄だったのだ。

ちなみに「瑞穂の國記念小學院」という古色蒼然とした文字遣い、ネーミングに興味がそそられる。前述の証人喚問で小池晃議員の尋問に対して籠池氏は次のように証言している。

小池議員「安倍昭恵さんと学校設置前の更地の豊中の敷地に行ったことがありますか。そこでどんな話をされましたか」

籠池氏「一緒に行って、ここに学校ができるというふうなお話をさせていただきました」

小池議員「その場で、学校の名前についての提案のようなものがありましたか」

籠池氏「『いい田んぼができそうですね』ということで、その言葉をいただき、『瑞穂の國』とさせていただきました」

辺りはまだ少し田園風景が残る地域である。「瑞穂の國記念小學院」のネーミングは、この時の昭恵夫人の発言がもとになっている。

話は１年半前ほどさかのぼる。産経新聞のニュースサイトに次のような記事が配信された。

「昭恵夫人は昨年（２０１４年）４月、同園の視察と教職員研修に訪れたとき、鼓笛隊の規則正しいふるまいに感動の声をあげた。さらに、籠池園長（理事長が園長を兼ねていた）から『安倍首相ってどんな人ですか？』と問いかけられた園児らが『日本を守ってくれる人』と答える姿を見て、涙を浮かべ、言葉をつまらせながらこう話したという。

『ありがとう。（安倍首相に）ちゃんと伝えます』」（「産経ＷＥＳＴ」２０１５年１月８日）

「森友事件」が発覚する２年も前に、なぜ産経新聞はこのような記事を報じたのだろうか。

産経新聞には、塚本幼稚園のような軍国と皇国史観の愛国教育と安倍首相礼賛の教育が、いち早く素晴らしいものに見えたのだろう。

また昭恵夫人は2015年秋に開かれた森友学園の教育講演会で、小学校を開校する意義を次のように語っている。

「この幼稚園でやっていることは素晴らしいが、これがこの幼稚園で終わってしまう。ここから公立学校へ行くと普通の公立学校の教育を受ける。せっかくここ（塚本幼稚園）で芯ができたものが、（公立）学校に入った途端に揺らいでしまう」

塚本幼稚園を卒園して公立学校に行ったのでは、せっかく身につけた軍国と皇国史観の愛国心が揺らいでしまうというのだ。一見すると公立小学校の教育を否定していると受け取れかねない重大発言だが、それはさておき、昭恵夫人は塚本幼稚園―「瑞穂の國記念小學院」の一貫校で揺るがない愛国教育を学ばせようと、森友学園の小学校設置をはっきり後押ししている。

実際、森友学園が小学校設置の認可申請にあたって大阪府私学課に提出したカリキュラムは、教育勅語を学び、皇室の行事に参加する特別活動に多くの時間が割かれていた。

「しんぶん赤旗」が籠池理事長に取材したところ、2017年4月から開校予定の「瑞穂の國記念小學院」で「教育勅語を朗唱する」と明言している（2017年2月24日付）。

もしこんな小学校が開校されていたら、軍国と皇国史観の愛国教育を受け続け、マインドコントロールされる子どもたちこそ不幸だったことだろう。

安倍首相の軍国と皇国史観の愛国思想

しかし、安倍首相が手のひらを返そうが、塚本幼稚園が行っていた軍国と皇国史観の愛国教育に共鳴していた事実は消せない。安倍首相が軍国と皇国史観の愛国教育を進める森友学園を「素晴らしい」と評価したことによって、彼の思想、政治観がはからずも浮き彫りになった。

安倍首相は憲法９条の改憲に異常なほどに執念を燃やしている。軍国と皇国史観の愛国思想と憲法９条の改憲と重ね合わさるとそら恐ろしくなる。とくに９条２項をそのまま残して、自衛隊の存在を明記する改憲路線に変更してからというもの、安倍首相の改憲トーンが格段に上がっているからだ。

もともと自民党の改憲案は、軍隊の保持を禁じている９条２項を削除し、国防軍を創設するというものだった。

９条の１項には「国権の発動たる戦争と、武力による威嚇又は武力の行使は、国際紛争を解決する手段としては、永久にこれを放棄する」と、あの戦争の反省が込められている。その証として２項には「前項の目的を達するため、陸海空軍その他の戦力は、これを保持しない。国の交戦権は、これを認めない」と明記されている。その２項を削除して国防軍を創設するというのはあまりにも唐突すぎる、自民党案では国民の支持が得られにくい――と、安倍首相は考えた。そこで9条2項を残し、自衛隊の存在を明記する改憲案に突然変更したのだ。

しかしそれは安倍首相の発案でなく、右派の改憲団体・日本会議のものだった。9条2項を残すのだからそれでいいじゃないか——と考える人もいるだろう。しかし、自民党の改憲案には、「自衛隊の行動」は「法律で定める」とされるとあり、時の多数党と政府が、法律さえ通せば、「自衛隊の行動」を無制限に拡大できる危険性がはらまれている。

歴代内閣は戦争放棄と戦力を保持しないと定めた9条2項の解釈として、建前だけにしても自衛隊は「専守防衛」の実力組織であって戦力ではないとしてきた。しかし集団的自衛権行使容認を閣議決定（2014年7月1日）し、「戦争法」といわれる一連の安保法制を強行、成立させた（2016年9月19日）ことによって、自衛隊は法的には「専守防衛」の実力組織ではなくなっている。

集団的自衛権行使容認とは、日本が攻撃されていなくても同盟国のアメリカが攻撃されていると時の政権が判断すれば、自衛隊は海外に出張りアメリカ軍と肩を並べて軍事共同作戦行動をやれるということだ。9条2項に自衛隊の存在が書き込まれれば、自衛隊は「自衛」の名のもとに大手を振って海外へ戦争に出て行く、文字通り軍隊になるだろう。

繰り返すが森友学園の軍国と皇国史観の教育理念を賛美し、あの戦争を反省しない安倍首相の思想・政治観と9条改憲の動きを重ね合わせると、そら恐ろしく感じるのは筆者だけだろうか。

第3章
奇怪な「瑞穂の國記念小學院」設置認可

私学の学校法人が小学校を設置する認可権は大阪府にある。認可答申の可否を審議するのは大阪府私立学校審議会だ。学校法人森友学園が小学校設置の認可申請したのは、2014年10月31日。条件付き「認可適当」とされたのは、2015年1月27日に開かれた臨時会においてである。このことは第1章で触れた。

軍国と皇国史観の愛国教育を行っている学校法人の小学校設置が、もし認可されていなかったら9億5000万円もの国有地がタダ同然で売却されることはなかった。

大阪府私学審議会の議事録は非公開が建前であるが、2015年12月18日に開かれた定例会の議事録を入手したジャーナリストや弁護士がいる。独立報道機関IWJの岩上安身代表と自由法曹団の岩佐賢次弁護士は、ネット番組（「極右学校法人の闇」第29弾、岩上自身によるインタビュー第717回ゲスト「自由法曹団」岩佐賢次弁護士2017年2月24日）で議事録に残されているカリキュラムや教育方針や経営能力への懸念について次のように紹介している。

以下は番組のフリップを拾い集めたものだ。

「教育勅語を子どもたちが覚えてそれを唱えたり……特別活動に、週1の34、35でいいところを……3倍の105時間充てている」

「宗教教育とは違います……思想教育のような部分があります……少し違和感を覚えます」

「寄付金の割合が他の幼稚園に比べ多い」「人件費が低い」

「2号基本金ゼロやったら計画性はない」

「思い付きで始めたか、だいたいおかしい」

「人件費の割合が薄いですよね。退職金の引き当てとか」

「人件費率が30％行かないような状態で小学校を経営できるんでしょうか」

「はっきり言って建築費用が低い」

「どう考えても借地も定期借地なんて一般の賃貸によって購入金額に変わってきますし、借地料払って、しかもそれお金ためて大丈夫か」

「本当に理事長のワンマンの思い付き……計画性の無いもの」

「認可の方向で物事を進める気には私はならない」

「こんな絵空事でうまくいくとは私もとても思えない」

「すでに先々に進んでいますということになるのでしょうが、なぜこんなことになったのかと今後新聞沙汰にならないかと心配」


ほとんどの委員から懸念する意見が出されている。ちなみに第2号基本金とは、将来の設備投資に備えた資金確保のことを指す。

これだけ教育内容や経営を危惧する意見が出たのに、12月の定例会から1カ月もたたずして開かれた臨時会で、大阪府私学審議会事務局（大阪府の私学課）は、採決も取らず条件付き「認可適当」の答申を事務方主導で強引に引き出した。大阪府私学課は「瑞穂の國記念小學院の認可ありき」だった。

2017年3月23日に開かれた大阪府議会教育常任委員会。「森友事件」が明るみに出て初めて質疑が行われた。「森友事件」追及の時系列で言えば、第5章の宮本岳志議員の追及が先だが、事件の端緒となる小学校の設置基準の緩和と認可を追及した大阪府議会の論戦を先に書き進めたい。

最大会派の維新の会は一切この問題には触れずじまい。公明党は「しっかり調査してください」というだけの提灯質問。大阪では「野党」の自民党はかなり切り込み、教育勅語を暗誦させるなど、教育基本法に違反する教育をしている学校法人を認可した責任を追及した。籠池理事長や私学審議会の委員の議会への参考人招致、知事質問を求めた。

大阪では維新の会代表・松井一郎氏が知事を務め、府議会では当時も現在も第2会派の自民党を大幅に上回る最大会派である。しかし与党の維新の会は大阪府の失政や疑惑を解明するという立場がない。

より踏み込んで質問したのは共産党の石川たえ府議である。

石川府議は塚本幼稚園で虐待の疑いや、要支援園児の補助金不正受給を追及した。それだけでも小学校設置を認可するに値しない大問題である。補助金の不正受給の問題は、第10章「国と維新が二人三脚で」の項で触れたい。

緩めた認可基準で申請したのは森友学園だけ

石川府議は、まず大阪府が認可基準を緩和した経過を取り上げた。議事録を引く。

石川府議「……認可基準改正の約半年前、平成二十三年（２０１１年）九月ごろ、森友学園籠池氏から認可申請基準の見直し要望があり、その後府は審査基準の緩和を検討し、平成二十四年四月一日より認可基準を改正しています。この改正により、幼稚園（を運営する学校法人）に借入金があっても私立学校設置に参入できるようになりました。なぜこのとき認可基準の見直しが行われたのか、教えてください」

私学課長「……小学校の設置基準につきましては、平成二十三年度までは、小学校、中学校、高等学校等を設置している学校法人に対しては、一定の要件を満たす場合は学校設置に係る借り入れを認めておりましたが、幼稚園、専修学校、各種学校を設置する法人に対しては、学校設置に係る借り入れを認めておりませんでした。

このような状況の中、幼稚園を設置する学校法人から、なぜ幼稚園（を運営している学校法人）のみ基準が厳しいのかとの指摘を受け、幼稚園法人等の経営状況や規模は一律ではなく多様であること、他府県の認可基準においては、幼稚園とその他の学校種の間に差を設けていないことから、審議会に報告した後、パブリックコメントを行い、再度審議会に報告し、小学校等と同様に借り入れを認める改正を行ったものでございます」

私学課長に「なぜ幼稚園のみ（を運営する学校法人の）基準が厳しいのかとの指摘」したのは、森友学園である。森友学園の要望を受けて、それまで幼稚園を運営するだけの小さな規模の学校法人が学校を設置する場合は自前の財産があることが大原則だったのを、借金で学校をつくってもよろしいと規制緩和されたのだ（2012年4月1日）。

私学であっても小学校は義務教育である。公教育を行う小学校の財務状況が悪化して「倒産」「閉校」するような事態は絶対招いてはならない。成長期の子どもたちにとって、母校がなくなることは計り知れない否定的影響を与える。学校運営には特に財務的安定性が求められる。幼稚園のような学校運営規模が小さい学校法人にたいしては、自前の財産による設置という厳しい基準が設けられてきたのだ。

石川府議は、「その後、幼稚園法人で認可申請をしているのは、森友学園ただ一つです。結果として、森友学園のための基準改正だったのではないか」と質した。

私学課は、「より競争原理が働くよう、新規参入のハードルを下げてきた」と言い張ったが、結果的に緩和された基準で小学校設置を申請したのは森友学園だけであることを認めた。石川府議が指摘したように、森友学園のために認可基準を緩めたといっていい。設置基準の改定は規制緩和という体裁をとっているが、森友学園のために行われたのだ。それは「加計疑惑」が「国家戦略特区」で「獣医学部」の新設規制を緩和するという体裁をとりながら、1校だけ例外的に新設を認める特例措置（特別扱い）したことと同じである。

緩和された認可基準すらも満たさず

しかもその緩和された設置基準でさえ森友学園は満たしていなかった。

石川府議は、規制緩和された小学校の認可基準について私学課に確認した。――施設は自己所有であること。教育上支障がなく20年以上にわたり賃借権等を取得している場合に限り、借地を校地及び運動場とすることができること。さらに認可基準で認められている借入金は、借地金額が校地取得費及び校舎建設費の3分の2以下であることだ。

大阪府の私学の審査基準として、借地の場合20年以上の借地期間を設けているのは、長期の借地期間が担保されることによって、安定的に学校運営に当たれるようにするためだ。

その上で石川府議は次のように追及した。

石川府議「認可申請提出の時点で借地契約も自己所有もできていない森友学園の借入金が、校地取得費及び校舎建設費の3分の2であることを私学課は何をもって確認したのですか」

私学課長「平成二十六年十月三十一日付の学校法人から出てまいりました設置認可申請書の添付書類である収支計画・返済計画概要におきまして、自己資金と寄付金で賄うとの計画であり、借入金はないというものでございました」
石川府議「確認されたんですね。じゃあ。で、三分の二以下であるというふうに確認されたんですね」
私学課長「その計画によると借入金はありませんでした」
石川府議「では、もう一つお聞きします。認可基準に照らせば、土地の自己所有も借地計画もしていない法人の認可（申請）は受け付けないというふうに思いますが、大阪で過去にそのような事例があったのであれば教えてください」
私学課長「過去に事例はございません」
石川府議「認可申請の時点で借入金は三分の二以下であると収支計画で確認したというふうにおっしゃっていますけどね、土地の自己所有も、そして借地契約もまだ成立していないんですよね。それでも計画だけで三分の二以下であるというふうに確認されたと理解してよろしいですか」
私学課長「当時の認可申請時に出された収支計画・借入返済計画概要におきましては、借入金はございません」

森友学園が小学校設置を申請したのは、国有地を校地として国と借地契約が交わされる7カ月も前のことである。契約がなってから申請するのが当たり前なのに順序が逆である。
校地を確保できていない段階で、借入金の記載がないからといって「3分の2」以下の基準を満たしているということにはならない。校地を借地すれば保証金や賃料が必要だし、まして高額な校地を取得し校舎を建設すれば資金計画は膨れ上がる。その資金をどうやって確保するのか不明だからだ。

そもそも役所への認可申請には必要な書類が揃っていることが大前提である。校地にかかわるものとして、最小限借地契約の書類か校地を取得していることを証明する書類が揃っていなければならない。森友学園は校地の借地契約も自己所有もしておらず、当然契約書も取得を証明するものはなく、小学校設置の認可申請は門前払いされて当然だった。森友学園は規制緩和された設置基準すら満たしていなかったのだ。しかし大阪府私学課は認可基準を満たしているとして申請を受理し、審議会の議題にかけた。

ここで認可基準改正、認可申請、私学審議会での「認可適当」の答申、借地契約、買取申し出を時系列的に整理しておきたい。

２０１１年７～９月　森友学園籠池理事長、小学校認可申請基準の見直し要望。
２０１２年４月１日　小学校設置の認可基準改正。
２０１３年９月２日　森友学園、近畿財務局に国有地取得（定期借地）要望書を提出。
２０１４年４月25日　安倍昭恵氏が塚本幼稚園で講演、小学校予定用地を籠池夫妻と視察。
２０１４年10月31日　森友学園、小学校の設置を大阪府私学審議会に申請。
２０１５年５月29日　国と森友学園が買い受け特約付き10年の定期借地を契約。

2015年12月18日　大阪府私立学校審議会の定例会、森友学園の小学校設置認可保留に。
2015年1月27日　大阪府私立学校審議会の臨時会、小学校設置を条件付き「認可適当」を答申。

「借地契約の確実性」が設置認可基準に

では大阪府が規制緩和された設置認可基準すら要件を欠いていたのに、森友学園の小学校の認可基準を何をもってクリアしているとしたのだろうか。石川府議はさらに追及を重ねる。

石川府議「平成二十五年（2013年）九月、籠池氏より小学校建設についての相談が私学課にありました。このときに私立小学校及び中学校の設置認可等に関する審査基準に照らして、土地所有または借地契約の確認をした上で、私学課は認可申請に向けた相談に乗ったのでしょうか」

私学課長「平成二十五年九月に森友学園から小学校設置に関する相談を受けた際に、森友学園から国と定期借地契約と売買予約契約を同時に結ぶ予定である旨の説明がございました。あわせて、平成二十五年十月三十一日付で近畿財務局から未利用国有地等の処分等に係る地域の整備計画等の整合性等に関する意見の照会がございましたことや、その後、近畿財務局の担当者の間で事務的なやりとりを重ねまして、校地の権利取得に関して相当程度の確実性があると判断し、審査基準を満たしていると考えたものでございます」

答弁の中にある「定期借地契約と売買予約契約を同時に結ぶ予定」というのは、国有地の処分は売却が原則だからだ。国は特別の事情の下では定期借地も認めている。その場合でも定期借地後買い取りが原則である。その定期借地契約に「相当程度の確実性」が見込まれるから審査基準を満たしていると判断したというのだ。しかし「相当程度の確実性」というのは、大阪府私学課の認識であって、借地契約の書類そのものではない。設置基準はあくまで借地契約による校地の権利、もしくは取得していることを求めている。認可基準を満たしていない。

では「相当程度の確実性」があったとはどういうことか。石川府議はさらに追及を重ねる。

石川府議「森友学園が認可申請を出したのは平成二十六年（２０１４年）十月三十一日です。森友学園が買い取り特約つきの定期借地契約を結んだのは平成二十七年（２０１５年）五月二十九日です。認可申請の時点で森友学園は土地の自己所有も借地契約もしていない。平成二十五年九月二日に近畿財務局に土地取得要望書を提出しただけです。なのに、なぜ相当な確実性をもってと判断できたのですか」

私学課長「平成二十五年九月から近畿財務局の担当者との間で事務的なやりとりを重ねるとともに、同年十月三十一日付で近畿財務局から、森友学園が小学校敷地として当該用地の取得要望があった旨の照会がございました。その後も近畿財務局の担当者との間で事務的なやりとりを重ね、校地の権利取得に関して相当程度の確実性があると判断したものでございます」

大阪府私学課の担当者と近畿財務局の担当者との間で事務的なやり取りが重ねられ、「相当程度の確実性」——森友学園がいずれ校地の権利を取得することは確実に見込まれるから審査基準を満たしていると判断したというのだ。

繰り返すが借地契約が確実だといっても借地の契約が交わされているわけではない。実際借地の契約が交わされたのはその7カ月後である。

石川府議は合点がいかない。食い下がって認可の申請基準を繰り返し確かめた。

石川府議「もう一回同じことを聞いて申しわけないんですけど、認可申請のときに土地は自己所有してないとだめですよね。もしくは、借地の契約がされてないとだめですよね。相当程度の確実性といっても、これは別に契約がされたということではないですよね」

しかし答弁は「校地の権利取得に関して相当程度の確実性があると判断し、審査基準を満たしていると考えたもの」と答弁するのみだった。

「相当程度の確実性」の知恵だし

ここで石川府議は、森友学園が自民党の鴻池祥肇（よしただ）元防災相・参議院議員事務所に小学校認可の「お墨付き」を要請していることを紹介した。

これは２０１７年3月1日の参院予算委員会で、小池晃議員（共産党）が明かにしたことである。

小池議員が独自に入手した鴻池事務所の面談記録には、「8年間は借地にてその後購入とできないか」「上から政治力で早く結論が得られるようにお願いしたい」「土地価格の評価額を低くしてもらいたい」などと、籠池泰典理事長と近畿財務局との生々しいやり取りが記されていた。

籠池理事長は、借地契約や土地価格の評価について政治家に働きかけていたことがはっきりした。

そういう政治的な働きかけが大阪府私学課と近畿財務局の担当者にまで届いていたのだろう。そこで「瑞穂の國記念小學院の認可ありき」で、大阪府私学課と近畿財務局は動き始め、森友学園と国との借地契約について「相当程度の確実性」という知恵を出したとみられる。

石川府議「私学審にかける前に、認可申請の時点で相当程度（の確実性）といっても、自己所有もしていない借地契約も結んでいない、なのにどうしてその議案を私学課が私学審議会にかけたのというのがどうしてもわからないんですよ」

私学監「……私有地であれば、当然借地契約なり土地の売買契約をしてから申請書を出してくださいという手続きになるわけでございますけども、本件の場合は国有地で、国が当該法人と契約する上で審議会を通す必要があるという条件がございました。……そのまま形式的な対応をいたしますと、どちらも門前払いになってしまうという事情がございましたので、先ほど課長から御答弁申し上げましたとおり、我々と近財で情報を交換し合って国のほうからは、私学審の結果が出れば二月に国の評価審議会にかけるということを伺っておりましたので、今委員御指摘でございましたけども、契約は成立いたしておりませんけども、国の審議会に諮られるということが確実だということで審議会に諮らせていただいたものでございます」

石川府議「……先ほど、こういう事例は過去にありましたかとお聞きしたら、過去になかったと、初めてのケースと。初めてのケースで、認可基準はあるのに、認可基準を満たしてないけどまあええか言うて進んでいったわけですよ。森友学園が学校つくりたいって言うたから。——聞いてないから。そう言うて進んでいったわけですよ……」

「瑞穂の國記念小學院」の認可ありきの大阪府私学課からすれば、形式的な対応をするとどちらも門前払いになってしまう。そこで「相当程度の確実性」という判断概念をあみだし、認可したのだ。

石川府議は「形式的に門前払いになったらあかんということはないんです。門前払いになって考え直さないとだめなんです。そのために認可基準があるんじゃないですか」――語気を強めて「相当程度の確実性」の議論をぴしゃりと締めくくった。

第4章

歪んだ愛国教育のパイロット（先導）校

これだけ教育理念でも資金計画や財務状況でも危惧されたのに、「瑞穂の國記念小學院」認可ありきで、条件付き「認可適当」の答申が出され、国有地がタダ同然で売却されていったのはなぜか。むろん前章で石川府議が紹介した鴻池事務所のことを出すまでもなく、政治家の働きかけがあったことは容易に想像できる。しかしそれだけでこれだけのことができるとは到底思えない。もっと大きな政治的力が働いていたのではないか。そのカギを解くヒントが相澤冬樹元NHK記者と宮本岳志前衆議院議員との対談にある。ここで紹介したい（「前衛」2019年9月号「森友問題は『政治とメディア』の何を問うか」）。

「瑞穂の國記念小學院」を愛国教育のパイロット（先導）校に

相澤「結局、森友学園は小学校をつくる力は現実になかったということだと思います。にもかかわらず、理事長だった籠池泰典さんは『つくりたい』という気持ちは強かった。私はその気持ちはわかるのだけれど、『つくりたい』ということと、『つくれる』とは違います。それを冷静に、客観的に判断して、『認可できません』という判断を大阪府がするのが普通です。『認可できないなら、土地は当然売れません』というのが普通の感覚なのですが、なぜか、結託して、無理してでも、森友学園にあの小学校をつくらせようとした。それがなぜなのかがポイントなのです。

一方で、加計学園は総理とお友だち、ズブズブの関係の中で、『つくらせてあげる』ということになったのだと思いますが、森友は違います。決して籠池さんたちのためにやるのではありません。では何のためかと言えば、純粋に籠池さんたちが目指していた教育を行う小学校をつくらせたかったということだと思います。あの小学校をパイロット校にして、全国に広め、ゆくゆくは公立学校でも、そういった教育をする学校をつくるという展開だった。だからこそ日本会議があそこの教育を賛美していたのです。

ところが安倍さんは掌返（てのひらかえ）しをします。いったん『なぜ国有地をこんなに安く売ったのだ』となったときに、『私は関係ありません』と、パーンと切り捨て、あっという間に籠池さんたちは転落していきました。籠池さんたちにまったく悪いところがないというわけではありません。しかし、この人たちだけがなぜここまでされないのかと感じさせるのです。建設会社も、設計会社も、みんな結託して、『アイツが悪い』『コイツにやられた』と言う。刑事裁判を法廷で見ていると、検察のストーリーはそういうものだということがわかります。私は、取材していて、籠池さんは、『何とかならんのか』ということは言ったが、具体的にこういう不正をやれという指示はしていないと判断しています。『こうすれば補助金が取れる。そのためには、建設会社も協力して嘘の書類をつくってもらう』という知恵はもっぱら設計会社が出していたのではないかと、私は思っています。ところが、そちらはお咎めなしです」（50～51ページ）

森友学園には小学校を設置する力量はなかったのに、軍国と皇国史観の愛国教育推進勢力は、籠池理事長が小学校を作りたいという願望を後押しし実現させることを通じて、ゆくゆくはそういう愛国教育を公立小学校まで広げていくパイロット（先導）校に位置付けていた――というのは核心を突いた鋭い洞察である。塚本幼稚園で行われている、軍国と皇国史観の愛国教育が、彼らには素晴らしい理想の教育に見えたのだ。だから籠池理事長の願望を超える思惑で小学校設置を認可し、校地として国有地をタダ同然で払い下げ、小学校設置を後押ししたといっていい。森友学園の愛国教育をよしとし、小学校設置を後押しした勢力とはいうまでもなく維新の会と安倍官邸である。

振り返れば、幼稚園だけを運営するような小さい規模の学校法人は、元々借入金で小学校を設置することはできない、せめて校地は自前の財産でなければならないとされていたのを、森友学園が借入金でも設置できるよう、認可基準の規制緩和を大阪府に働きかけたのが事の始まりである。森友学園が規制緩和を要望したのは2011年夏頃、維新の会創設者・橋下徹府知事時代のことである。そして翌2012年4月1日、森友学園の要望通り認可基準を緩和した。松井一郎氏は知事になったばかりであり、その下準備は橋下知事時代に行われていた。

前川喜平元文科省事務次官は、森友学園の小学校設置について次のように講演している。

「とくに土地がまだ森友学園のものになっていなかった。借金で小学校を設置するのはしょうがないが、土地ぐらいは自前で持っておいてほしい、自前の土地でなければ困るということだったはずだけれども、いずれ必ず森友学園のものになりますからということで押し切った。非常に無理を重ねている。国（財務省）と大阪府が同時進行で小学校をつくろうとした。今両者をコーディネートする、全体を統括する司令塔みたいなものがどこかにあったはずです。これは私は官邸以外にないと思います。森友学園問題は規制緩和の形を取っていますけれども、特別に森友学園に小学校をつくらせる話だった。おそらく発信源は官邸より先に大阪府が発信源だと私は思います。そのキーパーソンは橋下さんだろうと思います。橋下さんと今の知事の松井さんと官邸の安倍さんと菅さんの４人は非常に仲がいい。安倍官邸と維新は非常に親和性がある。同じ方向を向いていると言っているいいと思います」。（ネット番組「なにぬねノンちゃんねる」２０１８年10月26日）

安倍晋三氏と松井一郎知事、愛国教育で意気投合

相澤氏の発言を受けて宮本前議員は、自身が「森友事件の発端と確信するようになった」というシンポジウムを紹介している。

宮本「『あの学校をつくらせたかった』という話は、いったいどこが出発点に始まっているのか。それは二〇一二年二月二六日の日本教育再生機構がおこなったシンポジウムです。松井一郎さん（現大阪市長、当時は大阪府知事）と、まだ（民主党政権下で下野し）総理に（復帰）なる前の安倍さんと、八木秀次さん（現麗澤大学教授）がパネリストになっておこなわ

れたものです。自民党のなかでも日本会議に直結している安倍さんと、大阪の維新勢力と日本教育再生機構の八木さんが意気投合している。

その中身は、『この国のあり方、憲法と教育基本法を変えなければいけない。それで、まず教育基本法を第一次安倍内閣で変え、〝愛国心〟を入れたにもかかわらず、それが現場の子どもたちのところまで行っていない。日教組などがいて、下に降りないようにガードしている。これを下にまで徹底するのに立ち上がってくれたのが、大阪維新の教育基本条例だ。上のいうことを聞かなかったら処分する。第一次安倍内閣がやった教育基本法改悪の中身を現場にまでやって通していく仕事を松井さんがやってくれている』という話です……」（51ページ）

そのシンポジウムは「日本教育再生機構」主催の「教育再生民間タウンミーティングｉｎ大阪」のメイン行事として行われた。

日本教育再生機構というのは、愛国心教育を徹底し、歴史修正主義的な育鵬社の教科書を使うことを主張する、超保守系の教育団体である。このシンポジウムで、まだ民主党政権下で下野していた安倍晋三元首相と、府知事だった橋下徹氏が大阪市長に転出し、代わって府知事になった松井一郎氏、八木秀次日本教育再生機構理事長の3人が意見を交わし、折から始まる2月府議会で、「大阪府教育基本条例案」可決へ機運を高めようとする、事実上の決起集会だった。シンポジウム後の居酒屋で行われた打ち上げで、安倍氏と松井氏は、「教育再生論」や安倍氏の「首相再登板」で意気投合したといわれる。

２００６年、第1次安倍内閣で改正された教育基本法は、どう変えられたのだろうか。前出の斉加尚代／毎日放送映像取材班『教育と愛国』（岩波書店、２０１９年5月）によってたどってみたい（以下特に説明がない限り1段下がりの「　」の引用文はすべて『教育と愛国』からの引用である）。

安倍氏はそのシンポジウムで次のように発言している。

「古い基本法は、一条から十一条までしかない法律であります。確かにさっと読めば、なかなか立派なことが書いてあるんですが、そこから……日本の香りがまったくしてこないんですね。まるで地球市民を作るような、そんな基本法であったわけでございますが、これは変えて（新・教育基本法）人格の完成とともに日本人というアイデンティティーを備えた国民を作ることを『教育の目的』に掲げて、そして『教育の目標』の一丁目一番地に『道徳心を培う』と書きました。そしてその後、伝統と文化を尊重し、そして郷土愛、愛国心を涵養していくということを書きこむことができたわけです」（98ページ）

戦前、日中戦争がはじまる頃から、第2章で触れたように「修身」という教科で戦争遂行に望ましい人間像を教え込まれた。「教育勅語」で天皇のために命を捨てることが国民の最高の道徳とされた。戦争遂行のために教育が最大限利用されたのだ。一人ひとりの子どもの成長をはかることより、天皇を支える「皇国民」として鍛え上げることに力がそそがれた。国が教育を厳しく統制・支配し、教育内容に干渉した。内に向けては愛国を強要し、外に向けては排外主義をあおり、教育は画一的、形式的になった。国民を極端な国家主義と軍国主義に導き、戦争に駆り立てた。結果、アジア・太平洋地域で2千万人以上、日本国民に310万人以上の犠牲者を出した。住み慣れた街が、愛する郷土が、懐かしい野山が焼き尽くされた。

安倍氏が「日本の香りがしない」と評した旧教育基本法は、軍国と皇国史観に彩られた愛国の「日本の香り」で国中を染め上げ、国民を戦争に駆り立てた戦前の教育の反省から生まれた。

教育基本法の重要な柱の一つは「個人の尊厳を重んじ」（前文）、個人を国家の発展の単なる手段とみる考えを否定していることだ。この考えにたって、第一条で、教育の目的を「人格の形成」、つまり一人ひとりが人間として大事にされ、個性・能力を全面的に発展させることにあるとした。国や社会の発展は、個人の自覚で自発的にはかられるとしている。

もう一つ重要な柱は、戦前の国の教育統制への反省に立って、「教育は、不当な支配に服することなく」（一〇条）として、教育が国、行政権力の不当な支配を受けてはならないと定めている。その考えにもとづいて、教育行政の目標を、施設整備や教員配置などの教育条件の整備確立におき、行政権力が教育に不当、不要に口出しすることを禁じた。

しかし安倍氏は「地球市民」を作るような「人格の形成」という教育目標ではダメだとして、教育基本法に「我が国と郷土を愛する」「道徳心」条項を戦後初めて盛り込んだと胸を張った。

宮本氏がいうように、その「愛国心」「道徳心」が現場の子どもたちのところまで届いていないのは、日教組などがガードしているからだ。そのガードを取り払うのが、大阪維新の教育基本条例だと期待を寄せたのだ。

安倍氏のこの発言を『教育と愛国』では、「新・教育基本法と大阪の条例は方向性が一致している。この条例が岩盤のような〝戦後体制〟を崩していく役割を担ってほしいと安倍氏が語り、その発言を受けて教育条例は『戦後レジームからの脱却』の大阪版だと八木氏が持ち上げた。当時のＭＢＳの夕方のニュースは『安倍元首相　条例案に大筋で賛同』との見出しで報じた」（99ページ）とまとめている。

「グローバル人材の育成」を目標に掲げる府教育基本条例

その「大阪府教育基本条例案」がどんなものだったか、引き続き『教育と愛国』によってたどってみたい。

「……教育への政治介入は、まさに大阪から始まったのである。

最大級の衝撃を受けたのは２０１１年夏の『教育基本条例』である。空前絶後の大胆な改革案が、橋下氏率いる大阪維新の会の議員から府議会に提案されたのだった。橋下維新が推進する『教育改革』を実践するための『条例案』である。

「教育基本条例案の激震」（中見出し）

この条例案をめぐり、『教育と政治』の対決が始まった。

大阪維新の会府議団総室で行われた9月16日『教育基本条例に関する意見交換会』の議事録を読み返すと、府教委事務局が維新府議らと真っ向から対峙、火花を散らす様相がありありとよみがえる。

……『教育基本条例』の原案について簡潔に述べておきたい。柱は3つあった。1点目はその前文で『グローバル人材の育成』『激化する国際競争に対応』する大きな目標を掲げたように、市場原理を教育現場に注入し、社会で勝ち抜く子どもを育てようという理念だったこと。2点目は学力テストの学校別結果を公表し、学校間競争を促すとともに、3年連続定員割れとなった府立高校は廃校するとしていること。3点目は、教員に対し新たな人事評価（相対評価）を導入、最低ランクの教員を作り、免職対象にしようとしたことだった……」（94ページ）

教育基本条例案は、教育の分野にもっともなじまない、市場原理（競争原理）を子ども間、学校間、教師間に持ち込むものだった。それは教育基本法第一条の「人格の形成」という教育の根本目的の実現を彼方に追いやりかねない。「人格の形成」とは言い換えれば、一人の人間として自分の考えを形成し、他者と共生できる力を心身ともに培うということもできる。その「人格の形成」を横に置くような目標を掲げることは是認しがたい。

こんな教育基本条例案に対して、「大阪の教育の明日を考える会」（代表・小野田正利・大阪大学教授）は、「子どもたちが心配です」という声明を発表した（２０１１年10月30日）。四つの問いが並んでいる。

「1、子どもは『世界基準で競争力の高い人』になるために学ぶのですか？
2、子どもも保護者も『競争』漬けの12年間になってしまいませんか？
3、『自己判断と責任』の名のもとに、学校から子どもが切り捨てられませんか？
4、命令と脅しばかりで、大阪によい先生が増えますか？

このように、疑問を感じる理由として項目ごとに3～5行ほどの説明文があり、まとめは『選挙結果』という『民意』の名の下に、首長と議会の政治的な介入を正当化し、教育を従わせようとしていることに強い危惧を覚えます。選挙のたびに、教育が大きく左右されることが本当によいのでしょうか？　責任を問われる人は立ち去り、ほんらい責任を負うべき者でなかった人たちが傷つけあうことになりませんか？　子どもを、時の政治の実験台にするようなことはあってはならないと思います」（１０８ページ）

「考える会」のこの声明は至極当然の不安であり問いである。

教育の目標を「激化する国際競争に対応」するため「グローバル人材の育成」に置くという。将来ビジネスマンになって世界を股にかけて飛び回るのは、ほんのほんの一部の子どもだけだろう。なのに教育の目標を「グローバル人材の育成」にくくってしまうというのはとんでもないことである。戦前の教育目標が、「修身」や「教育勅語」によって天皇を支える「皇国民の錬成」に置かれていたことが、「グローバル人材の育成」に置き換えられただけではないか。多様性を認める世界の流れに逆行する。国家主義の匂いがしてならない。

筆者は「グローバル人材の育成」を教育目標に置くと耳にして、強く違和感と嫌悪感をいだいた。SMAPの名曲「世界に一つだけの花」が大ヒットしたのは、それは一人ひとり違っていていい、人それぞれ個性と人生があり「世界でたった一人」の人間として認められ、生きる喜びと幸せを感じ取れ、尊厳されたいという共感である。

橋下徹氏や松井一郎氏が率いる維新の会が「グローバル人材の育成」という教育目標を発想するのは、グローバル社会の世界間競争を勝ち抜き、「強い日本」にすることを至上命題に置いているからだろう。筆者も日本の経済ばかりでなく、歴史や伝統、文化、スポーツが世界に認められることは誇りに思う。しかし仮に「強い日本」というものがあるとすれば、改正教育基本法第1条（教育の目的）でも述べているように「教育は、人格の形成をめざし、平和的な国家及び社会の形成者として、真理と正義を愛し、個人の価値をたっとび、勤労と責任を重んじ、自主的精神に充ちた心身ともに健康な国民の育成を期して」はかられるものであって、「激化する国際競争に対応」するため「グローバル人材の育成」を教育目標に置くことによってではない。戦争の反省から旧法にも改正法教育基本法にも、個人を国家や社会の発展の単なる手段とする考えを排する立場が貫かれているのだ。

「グローバル人材の育成」という教育目標について、2011年9月16日大阪維新の会府議団と府教委事務局が「教育基本条例に関する意見交換会」を行った中で、中西教育長は次のように懸念を述べている。

「この条例は、府の教育行政はもちろん、学校現場に及ぼす影響が非常に大きいと思っている。ご提案のすべてを否定するものではない。そうはいっても、条例で『一つの答え』に決め打ちしてしまうことのマイナス影響は計り知れないと思う。現実に合致していないものを、画一的に実施するようなことがあれば、最大の被害を受けるのは子どもたちであり、そうした観点から、私が特に懸念していることを３点申し述べる」（95ページ）

中西教育長は、「一つの答え」と表現した「グローバル人材の育成」を「決め打ち」することの危険性を指摘した。その上で、学校現場、特に府立高校への影響／人材確保と学校組織への影響／学力テストの学校別結果公表の問題点の三つを挙げ、それぞれについて詳細な意見を述べた。

「考える会」が不安と問いを発したことは、中西教育長がすでに危惧していたことだった。教育基本条例が実施され、学力テストの公表が実際どのように運用されて行くのか、人材確保の影響が実際にどういう影響が出てきたのかについては後で触れることにしたい。

筆者が注目したのは、中西教育長がマイナス影響は計り知れないと懸念した「一つの答え」に教育目標を「決め打ち」することと、安倍氏がシンポジウムで発言していることとの関連性についてだ。

「中西教育長が『一つの方向に決め打ちするリスク』に懸念を示したのに対し、維新側はまさに教育目標の方向性を政治的に決める制度を構築しようとしていた。その方向性の先に愛国が重なり合っていることが奇しくも安倍氏の発言に見て取れる」（99ページ）

教育基本条例案が掲げる「グローバル人材の育成」の先に、安倍氏の「愛国心」がいずれ重なり合うというのだ。翌年2月に行われたシンポジウムで安倍氏が条例に賛意を示したのは、せっかく教育基本法を改正（2006年）して「愛国心」「道徳心」を書き込んだのに、現場の子どもたちのところまで届いていない、ならば学校現場から「愛国心」「道徳心」をボトムアップし、全国に広がることを期待したからに他ならない。

「瑞穂の國記念小學院」には、軍国と皇国史観の「愛国」教育と「グローバル人材の育成」が期待され、全国化が野望された。

「愛国心」「道徳心」を誇示する勢力に戦争の反省なし

むろん郷土愛や愛国心はあっていい。しかし安倍氏側のいう、その愛国心が曲者（くせもの）なのだ。何故か。安倍氏にはあの戦争を美化し、戦争が引き起こしたことへの反省がなく、歴史を修正する歪んだ「愛国心」だからだ。それは「日本会議」やそれに近い安倍氏らが推奨する歴史教科書に見て取れる。

「(新しい歴史教科書を)『つくる会』などの『歴史戦』を仕掛けた側の勢力は『南京事件』『慰安婦問題』『(沖縄戦の)集団自決』を当初からターゲットにし、これらを『3点セット』と呼んだ」

「『つくる会』などの勢力が一貫して歴史叙述の修正を図ろうとするのはなぜか。それは日本の歴史を誇り、美化したい人々には日本軍にとって不名誉な事実は受け入れがたい史実なのだろう」(52ページ)

「3点セット」がどのように修正されて行ったか、「映像'17教育と愛国」が特に力を入れて取材、映像化したのは、沖縄戦の「集団自決」である。

「その『つくる会』が狙いをつけたのは沖縄県の渡嘉敷島だった。那覇空港から車で15分ほど走った、泊港からフェリーで乗り換え約30分。美しい珊瑚礁が広がる慶良間諸島の中にその島はある。かつて日本軍の特攻部隊が駐留した。この慶良間の島々で激しい論争が起きた。２００６年度の高校日本史の教科書検定で、住民同士が手榴弾などを使って集団自決に追い込まれた記述から『軍の命令や関与』が削除されたのだ」(46ページ)

「2006年当時、高校の日本史の教科書の一つは、集団自決をこう記していた。『日本軍は、県民を豪から追い出し、スパイ容疑で殺害し、日本軍の配った手榴弾で集団自害と殺し合いをさせ、800人以上の犠牲者を出した』（原文）

こうした教科書の原文に、『沖縄戦の実態について誤解する恐れがある表現である』という検定意見がついた」（47～48ページ）

「教科書検定によって、5社の高校日本史は軍の命令や誘導はなかった、と読み取れるような内容にトーンダウンした」（48ページ）

教科書「検定意見」が集団自決における「日本軍の関与」を否定する流れを作った。「教育と愛国」は、この集団自決の現場に居合わせたものの、兄の手榴弾がたまたま不発で兄弟が奇跡的に生き延びた、吉川嘉勝さんを取材した。

「私たちは、中学校の理科の教師だった吉川嘉勝さんと出会うことになった。渡嘉敷村で生まれ、村の教育委員長も務めた吉川さんは、6歳のとき集団自決の現場に居合わせた。その沖縄戦を、多くの子供たちに語り続けている。県外の高校生と一緒に吉川さんが島内の戦績を巡る学習ツアーに同行した。

ふもとの集落から離れた山の中、集団自決跡地の石碑が立つその森はうっそうとしている。撮影で訪れたのは初夏で暑いはずなのに、ひんやり肌に感じる気配が漂っていた。1945

年３月28日、米軍が島に上陸した翌日、山の中に村長ら多くの住民たちが集められた。村長のある合図をきっかけにに人びとが手榴弾などで自害、殺し合い、まさしく地獄となった。犠牲者は３３０人。『手榴弾が軍から配られ、命令はあった』と吉川さんは語り継いでいる。高校生と一緒に石碑の館の前で黙祷を捧げる吉川さんの表情をカメラは追った。

『二度とあんなことはあってはいけない、こうして勉強に来ています。見守ってください。黙祷』」（46〜47ページ）

手榴弾は軍が保持している軍事品である。それが多数の住民の手に渡っていたこと自体、証言を待つまでもなく軍が関与していたまぎれもない証である。以下吉川さんの証言である。

「兄の話だと、本部のほうから指令がきて、村長に耳打ちをした。村長が、はいはい、と聞いていたと。艦砲射撃が始まっていたので、パンパンと音が響いている。やがてそこで村長さんが『天皇陛下万歳』とやったんです、そしたらあっという間にあちこちで手榴弾が爆発してカンカンと生きた地獄になった。16歳の兄が手榴弾を２個もらっていて、日本兵の大切な手榴弾がなぜ住民に配られたのかということですね。じゃあやるぞ、と円陣を作って、義理の兄、長女の婿は日中戦争帰りで防衛隊の幹部です。彼も来ていた。これは確実にね、日本軍が介入しているというひとつの証拠です。当時の教頭先生なんか、勝手なことをしたと防衛隊に首を斬られていますから。そういう人たちがここに来ていた」（48ページ）

しかし、「軍の命令や関与」が削除された。ことほど左様に歴史が修正されていく。それは南京事件しかり、従軍慰安婦問題しかり。「映像'17教育と愛国」を観た視聴者から寄せられた意見を紹介したい。

「私自身、生まれ育った日本国への愛国心は強い方だと思っているが、日本の歴史については、日本にとって良いことも悪いことも、その真実の歴史を知りたいと思っている。……日本にとって不都合な事実であるのであれば、それを隠そうとしたり、事実を歪曲しようとする表現や行動は、愛国でもなんでもなく、同じ歴史の繰り返しになってしまうように思えてならない。戦争という愚かな歴史を繰り返さないような教育こそを実現してほしいと願ってやまない（54歳）」（86ページ）

あの戦争は愚かな戦争だった。であれば戦争を反省し、軍の犯したまずいことも、歴史の真実に向き合ってこそ本当の「愛国心」が培われるはずだ。軍が犯したまずい事実に向き合うことは、「反日」でも「自虐史観」でもない。しかし教科書の執筆者はあの戦争に反省も向き合おうともしていない。次に紹介するのは、歴史修正主義に立つ「新しい歴史教科書をつくる会」の発足に加わり、「中学校社会　新しい日本の歴史」や「新しい公民教科書」などを発行代表執筆者である東大名誉教授・歴史学者の伊藤隆氏への斉加氏のインタビューである。

「僕ら『自虐史観』と言っているんですけどね。（これまでの教科書は）日本人としての誇りをもてないような記述ですよよ。僕はその……愛国教育をやれとかそういうことを言っているわけじゃなくて、左翼史観にとらわれているような歴史を教えるんじゃなくてですね。ありのままの日本を教えた方がいい。そうでなければ困ると」

「――歴史から何を学ぶべきですか？」

「（歴史から）学ぶ必要はないんです」

「――……それは、かみ砕いて言っていただくと」

「学ぶって、何を学ぶんですか。あなたがおっしゃっている、学ぶって」

「――たとえば、日本がなぜ戦争に負けたとか……」

「それは、弱かったからでしょう」（36～37ページ）

「弱かったからでしょう」では、「強い軍隊を持つべきだった」程度の「教訓」しか学ばないことになる。愚かな戦争という誤りがなぜ引き起こされたのか、愚かな戦争を避けるために何が必要だったのか、の探求こそ必要なのだ。「（歴史から）学ぶ必要はないんです」――これでは反省も向き合うのへったくれもない。歴史学者でありながら、社会科学としての歴史学を否定しているのと同義語である。

あの戦争を肯定し、歴史を修正しようとする動きが強まっている。あの戦争を反省せず軍のしでかしたまずい事実を隠し、修正しようとする「愛国心」が、「二つの方向に決め打ちする」

ことに重ね合わさると、中西教育長が懸念したリスクが間違いなく高まるだろう。その懸念とは戦争への「いつか来た道」である。

府議会の論戦や「大阪の教育の明日を考える会」などの府民の声に押されて、当初の条例案は多くの個所で修正が加えられた。たとえば、

「教育の目的は当初案では『グローバル社会に十分に対応できる人材の育成』となっていたが、『大阪が大切にしてきた、違いを認め合い、子ども一人ひとりの力を伸ばす教育を更に発展させる』旨が付け加えられた」（109ページ）

「3年連続定員割れの学校は自動的に『統廃合』するという案は、『改善の見込みがない場合は再編成の対象』とする文言に弱められた」（110ページ）

そういう若干の改善はあったものの、政界を引退した橋下徹氏の後継者である大阪市の吉村洋文市長は、全国学力テストの成績が政令都市中「最下位」だったことを受けて、2018年8月その成績結果を教員のボーナス査定に反映させると言い出した。翌2019年1月、学校長の人事評価に限り、この学力テストと大阪市独自のチャレンジテストの結果を賞与昇給に反映させる方針を決定した。

「教員給与システムにメリット・ペイ方式＝『論功行賞』が浸透すればどうなるだろうか。

学力などの数値目標を達成することが教育の第一義となり、極論を言えば首長に盲従し手柄を立てることによってボーナス査定が上がるのならば、公教育は限りなくゆがめられてゆくだろう。誰のための教育か。その大切な座標軸を見失ってゆく教員が続出するのではないか」（１４２～１４３ページ）

条例案は、教員に対する人事評価をＳ・Ａ・Ｂ・Ｃ・Ｄの５段階の相対評価で行い、最上位のＳは５％、続いて20％・60％・10％・５％の分布となるようしなければならない、と規定していた。つまり20人教員の職場では全員がどんなに頑張ったとしても、必然的に１人は最低の枠に追いやってしまう非情な人事制度だ。これだけではない。さらに２回連続で最低のＤ評価された教員は、免職の対象とされた。どんな理由であれ、校長から「ダメ」と言われれば、その教員に対し「指導力不足」の烙印が押され、学校を去らなければならない仕組みだ。

予測されたとはいえ、大阪の教員採用試験受験者は激減した。（２０１５年に比べ19年度は25・８％減）

「維新の会による教育改革の嵐が吹き荒れたころ、複数の大学教授が『しばらく大阪の教員採用試験受けけんほうがいいな』と学生に助言していたり、優秀な学生がこぞって『大阪で先生になるのはやめよう』と話しているなどと耳にした」（１４６ページ）

そればかりでない。退職者も増えた。

『我が家の子供が、通っている中学校のことでメールしました。夏休み明けで学校に行くと、理科担当の隣のクラスの担任が退職したとのこと。原因は、心の病気だそうです。それから約一ヶ月、替わりの先生が来ることもなく、プリント学習を続けている毎日みたいです。学校に問い合わせると、来月には替わりの講師が見つかると思うので、それまで待っていてくださいとのこと。一ヶ月も何も教えていないこと自体、異常なのに』」（１４６ページ）

少々横道に入り込みすぎたかもしれない。しかし国有地がタダ同然の払い下げられ、首相夫人の関与をもみ消すために決裁文書を改ざんされた前代未聞の「森友事件」は、深く大きな動機、野望、背景をはらんでいることを強調しておきたい。

第5章　全国に衝撃、国会論戦の火ぶた

木村市議が記者会見を行った翌2月9日、各紙朝刊はいっせいに報じた。ローカルな「森友事件」が全国に発信され、大阪豊中市での不可解な国有地売却事件が全国に知れ渡った。

籠池理事長、売却金額1億3400万円と認める

朝日新聞は、独自取材も混じえ「学校法人に大阪の国有地売却　価格非公表、近隣の1割か」と大見出しで報じた。

森友学園との契約方法について、公益目的で購入を希望する自治体や学校法人、社会福祉法人などを優先する「公共随意契約」で行われたことや、森友学園側に契約違反があった場合、国が「1億3400万円」で買い戻し特約が付いていたことに触れ、「森友学園の籠池泰典理事長も売却額が買い戻し特約と同額と認めた」と独自取材による踏み込んだ内容である。木村市議が登記簿で見た「買い戻し特約」の金額1億3400万円が売却金額だったのだ。

記事の末尾には「『日本初、神道の小学校』開校の予定」の見出し付きで記事をまとめ、最後に「教育理念に『日本人としての礼節を尊び、愛国心と誇りを育てる』と掲げている。同校の名誉校長は安倍晋三首相の妻・昭恵氏」——森友学園のホームページに載っていることもはっきり書かれている。

第一報を報じたのはＮＨＫだったが…

実は翌朝の各紙の報道より先、木村市議が記者会見を行った８日の夕方、ＮＨＫが第一報を報じている。当時ＮＨＫの記者だった相澤冬樹氏が取材し記事を書いたものだ。自著『安倍官邸 vs. ＮＨＫ』（文芸春秋、２０１８年12月）で次のように紹介している。

「大阪・豊中市にあった国有地を国が学校法人に売却した代金が公開されないのは不当だとして、豊中市議会の議員が国に代金を明らかにするよう求める裁判を起こしました。

豊中市野田町にある広さ８７７０平方メートルの土地はもともとは国有地でしたが、国が去年６月、大阪市内の学校法人に売却し、現在、小学校の校舎が建設されています。

豊中市議会の木村真議員は、この土地の売却代金などを明らかにしようと近畿財務局に情報公開請求しましたが、公開された文書は代金などが黒く塗りつぶされていたということです。

近畿財務局は木村議員に、『契約相手の事業遂行に影響したり利益を害したりするおそれがある』と説明したということですが、木村議員は『国の財産が不当に安く売却されていないかチェックが必要で、非開示は不当だ』として国に売却代金などの開示を求める訴えを大阪地方裁判所に起こしました。

木村議員はきょう記者会見し、『この土地に建設中の小学校の名誉校長は安倍総理大臣の妻の昭恵氏で、近畿財務局は過去3年の土地の売却代金をインターネットで公開されているのにこの土地だけが明らかにされないのは背景に何かがあると見られても仕方がない』と述べました」（15ページ）

しかし報道されたこの記事はデスクの手が入ったものだ――と相澤氏はいう。さらに前著を引く。

「……この小学校の名誉校長には、安倍昭恵総理夫人が就任している……

誰でも『えっ！』と思うだろう。これがニュースの最大のポイントだ。

だから私はリードに安倍昭恵名誉校長のことを書き、本文でも事実として明記した。しかし司法担当のYデスク（当時）は、リードからもこの事実を削った。

うまいのは、文末に、会見で木村市議が発言した言葉としてその要素を残していることだ。こうすれば『書かなかったわけではない』と言える。しかし視聴者にとっては、冒頭でのその事実を告げればすんなり理解しやすいが、文末で言われても、そこまでニュースの持つ意味合いがわからない」（12〜13ページ）

相澤氏は不満だった。しかもこの記事の報道は全国放送されず関西にとどまったのだ。

相澤氏はさらに続ける。

「Ｙデスク曰く、『東京に相談したんですが、〝いらない〟と言うので…』。総理夫人の関与をこれだけ薄めた原稿でも報じない。昭恵夫人が名誉校長に就任していることこそがニュースの核心なのに、それがあるがゆえに報道をためらったとしか私には思えなかった。『忖度報道』と言われても仕方あるまい」（13～16ページ）

「森友事件」を通じて「忖度」という言葉が流行語になったが、「森友事件」が知れ渡った初っ端から、ＮＨＫは忖度を始めたことをうかがわせる。

相澤氏はこの後記者から外され、考査部へ移動を内示された。一線の記者活動を続けたかった相澤氏はＮＨＫを退職することを決断する。相澤氏は以前にも記者から外れたことがある。東京でＢＳニュースの制作担当者になったが、やはり記者をやりたいと願い出て現場に戻ったことがある。相澤氏はそれほど記者と現場の仕事が好きだった。現在は大阪日日新聞に移り健筆を振るっている。

同じＮＨＫの有働由美子アナウンサーも、「定年までしっかり働き続けようと思っておりましたが、以前から抱いていた、海外での現場取材や興味ある分野の勉強を自分のペースで時間をかけてしたいという思いが捨てきれず、組織を離れる決断をいたしました」というメッセージを残して退職した。50歳を目前にして管理職へのベルトコンベアーに乗ってしまうと、記者として取材し伝える仕事から外れてしまう。管理職への昇進を断ち切り、好きな取材をしたいという思いからだった。

記者とアナウンサーと職種は異なるが、取材し書き、報道するという現場の仕事にこだわりつづけたいという思いは共通する。しかし相澤氏の場合は、「森友事件」の取材スタンスを嫌ったＮＨＫ上層部が相澤氏を記者から外した。

「森友事件」追及第一人者の最初の接点

山本一徳豊中市議（共産党）は、木村市議の同僚議員である。木村市議は森友学園疑惑が底の深い大きな問題であると直感し、黒塗りだった売却金額の情報開示を求めて、いずれ裁判を起こすことを考えていた。しかし自分の仲間だけでは力不足だと思った。２０１６年のある日、木村市議は知る限りの団体、個人に協力を求めるファックスを送りつけた。共産党豊中市会議員団の控え室にもそのファックスが届いた。ファックス文書を目にした山本市議は即座に協力を快諾。以降木村市議と山本市議は森友学園疑惑解明へタッグを組むことになる。

後に「森友事件」追及の第一人者となる辰巳孝太郎参議院議員は大阪選挙区選出である。山本市議は辰巳議員に木村市議が情報開示請求した森友学園への国有地売却額が黒塗りであったこと、塚本幼稚園の異常な教育が行われていることを報告し、「ぜひ森友疑惑を国会で取り上げ、追及してほしい」と要請した。その後辰巳議員は塚本稚園の父母から園児の虐待を思わせる相談が地元党組織や市会議員に入っていることを耳にした。辰巳議員は帰阪した際、現地に赴き聞き取りを行なった。

辰巳議員は２０１６年11月のある日、参議院議員会館の控え室で財務官僚３人から説明を受けた。自著『直及勝負』（清風堂書店、２０１９年４月）でその時の模様を次のように記している。

「……大阪府豊中市の国有地の売却額が公表されずに『黒塗り』になっていることについて説明を求めた。説明者からは、『黒塗り』に不服の場合、異議申し立てを申請すれば、審査会において議題となり、売却額公開の是非について審議されることになるなど、情報公開制度上の一通りの説明がされた。

この時私は、売却額が購入者の希望によって非公表となっていることについてさほど疑問には思わず、この件を私に持ち掛けてきた日本共産党の山本一徳豊中市会議員には後日、財務官僚の説明をそのまま伝えることにした。

ただ一つだけ引っ掛かるものがあった。それは、控室に訪れた３人の財務官僚のうち１人が、退室時に発した独り言だ。

『なぜこんなことまでしなければならないのだろう』

忙しい官僚にとって国会議員への説明が面倒だったのだろうか。しかしそうだとしても、

それを口に出して言う者はいない。彼の不満げなつぶやきが、私は意外に思ったし、気になった」（14ページ）

辰巳議員は木村市議の情報公開請求に対して売却額が「黒塗り」だったことは、購入者（森友学園）の希望によるものだという説明についてさほど疑問には思わなかったと記しているが、非公開は森友学園側の希望だったというのだ。おかしい。むしろ国側が隠したかったのだろう。さらに引用を続ける。

「彼の真意を理解したのは、しばらく経ってからのことである。彼の名は田村嘉啓（よしひろ）。役職は財務省理財局国有財産審理室長。学校法人森友学園理事長籠池泰典氏から、埋設物の処理について直談判を受けた人物である。籠池氏から要望を取り次いだ、安倍首相の妻・安倍昭恵氏付職員の谷査恵子氏からの照会を受けた人物でもある。『森友事件』のキーマンの1人だ。

後に公文書改ざんに関わって処分されることとなる田村氏は、この問題が公になり国政を揺るがす一大疑獄になることを、この時点で予感し苛立っていたのではないか。これが私と『森友事件』の最初の接点だった」（15ページ）

辰巳議員は、「森友事件」が表ざたになった端緒で大事件であることを嗅覚的にかぎつけた。

財務省、一転して売却額を公表

宮本岳志衆議院議員（共産党）は近畿比例ブロック選出である。参議院の辰巳議員は大阪ネタなので衆議院の宮本議員とタッグを組んで衆参で取り組むことにした。辰巳議員がそれまでにつかんでいる森友問題にかかわる情報を宮本議員と共有する。２人は木村市議の記者会見が報道されたのを受けて、財務省に説明を求めた。

財務省は、木村市議が情報開示請求に対し黒塗りにしたのは、「当該法人等の権利、競争上の地位その他正当な利益を害するおそれがあるもの」にあたると非公開にした理由を説明。しかし木村市議が売却額の情報開示を求めて提訴して記者会見を報じた朝日の記事の中で、籠池氏が売却額を明らかにした報道があったことを理由に一転して売却額を明らかにした。

鑑定価格９億５６００万円。地中のゴミ撤去費用８億１９００万円を差し引き売却額１億３４００万円。

実に８億円を超える大幅値引きである。８億１９００万円ものゴミの撤去とは一体どれだけのゴミの量なのか。

役所というのは「前例」を重んじる組織である。こんな奇怪な国有地の売却がこれまでにあっただろうか。タダ同然の売却は誰しも疑問に思える。しかし財務省はすんなり売却額を公表した。「公共随意契約」の買い戻し金額が売却額であることは社会的常識だし、籠池氏側が

1億3400万円が売却額であると認めてしまったので隠しようがないと判断したのだろう。それにしても8億円の値引きがゴミの撤去の鑑定額に相当する費用だったと説明できる、いや逃れられると見込んで公表したのだろうか。

「金がないので借地契約にしてほしい」

2月15日、宮本議員は衆議院金融財政員会で、豊中市の国有地が不透明な形で払い下げられた問題を追及し、森友疑惑の本格論戦の火ぶたが切られた。

宮本議員は、近畿財務局から豊中市の国有地を買った森友学園が近隣国有地の約1割の価格で取得したことが大問題になっていることを指摘したうえで、まず近畿財務局が森友学園へ国有地を貸し付けにした経緯を質問した。

宮本議員「この件は、国有地の処分にあたっては、売り払いを原則としているにもかかわらず、この国有地については、学校法人森友学園に対して、10年間の事業用定期借地による時価貸し付けを行うとともに、10年以内の売買予約による時価売り払いを行おうとするものであります。理財局、近畿財務局はその理由をどう説明しておりますか?

佐川理財局長「未利用国有地の処分に当たりましては、売却を基本としておりまして、貸し付けを行うケースは限定されておりますが、公用、あるいは公共用等の用に供する場合で、貸貸し付け財産の買い受けが確実と見込まれ、賃貸借をすることがやむを得ないと認められる場合には売り払いを前提として貸し付けを行うことも可能となってございます。本件、この国有地につきましては、森友学園より小学校建設等に一時的に多額の資金を必要とするため、学校経営が安定するまでの間は貸し付けにより利用したい旨の要望があったところでございます。従いまして、事業用の定期借地の最短期間が借地借家法上10年間と定められていることを踏まえまして、買い受けを前提とした貸し付け期間10年間とする定期借地契約を締結したものでございます」

要するに森友学園は金がないので買い取りでなく借地を申し出たのだ。借地といっても買い取り前提の定期借地である。この定期借地契約の国有地処分を審議した第１２３回国有財産近畿地方審議会（２０１５年2月10日）で、森友学園に貸し付けて大丈夫かと危惧する委員の意見が相次いだ。宮本議員は次のように審議会員から出された危惧する意見を紹介した。

宮本議員「金がないので内部留保が積み上がるまでは最大10年間、借地契約にしてほしい。目処は8年間と言っておりますけれども、必ず買い取りますからという話でありました。当然、委員からは、そんな話で経営は本当に大丈夫かと、こういう声が続出しております。読売新聞の大阪本社編集局管理部長は、今後10年で私立の小学校の経営環境というのは、それほど改善しないと思われるが、いざ売却する段になって、地価が上がっていて、買い手がその価格では買えませんと言い出すリスクはないのか？と危惧を表明しております。関西学院大学総合政策学部教授は、その上で10年経って、定借延長します。しかし、さらに経営が改善される見込みがなくて、募集停止になりました、というような最悪の際には、こういう土地は定借の期間をあるところで打ち切って、国に戻すというような流れになるのか、10年後には確実に戻ってくるとは言えない、とまで指摘をしております」

専門家の委員からこれほど危惧する意見が出ているのに、佐川理財局長が「貸付財産の買受が確実と見込まれ」ると答弁したのは根拠がない。

借地契約の半年以上も前に何故「認可適当」としたのか

続いて宮本議員は、国有財産近畿地方審議会で定期借地が承認される7カ月も前に、大阪府私学審議会が森友学園の小学校設置申請を受け付け、何故条件付き「認可適当」の答申を出したのか、追及した。

宮本議員「文部科学省に聞きますけれども、土地の確保も学校の所在地も定まらないような学校の設置認可の申請などは、受け付けられるはずがないと思うんですけれども、なぜそんなものが受け付けられたのか？　ましてや、第123回国有財産近畿地方審議会の前に、条件付きだとはいえ、認可適当などという判断がなぜできたのか、お答えいただけますか？」

しかし文科省の村田私学部長は、私学の小中の設置認可は、当該府県に認可の権限があるとして、大阪府に問い合わせた結果を繰り返し、「相当程度の確実性をもって土地を所有、または借用できる見込みがあるということで、そういった条件を確認したうえで、こうした答申が出されたものと考えております」と、「相当程度の確実性」をよしとした。

「財務局は内諾を与えていたのではないか」

宮本議員の追及はさらに踏み込む。

宮本議員「といたしますと、半年前の時点、第１２３回国有財産近畿地方審議会の半年前の時点で、森友学園は、相当程度の確実性をもって、この土地は確保できると、こう述べて申請していたということになります。ということは、理財局に聞きますけれども、近畿財務局は本件土地の処分について、第１２３回国有財産近畿地方審議会に諮る半年も前から、まあだいたい確実だという内諾を森友学園に与えていたのではないですか？」

佐川理財局長「これ以前に財務省あるいは近畿財務局から大阪府の私学審の関係者に対しまして、予断を持って、森友学園の学校運営の状況等を伝えた事実はございません」

宮本議員はそうであるならば森友学園が大阪府私学審議会を偽ったことになると指摘し、「偽りの申請を提出するような学校法人は、答申に付された付帯条件に基づいて、厳格に審査しなければならない」と迫った。しかし村田私学部長は「大阪府が大阪府の権限、責任において判断されることでございますので、私どもとしては、その判断について、代わってご説明できる立場にはない」と、逃げの答弁に終始した。

前章で詳しく見てきたように、森友学園の小学校の設置申請は、大阪府私学審議会の審査基準が緩和された基準すら満たされておらず、「相当程度の確実性」を根拠にして採決も取らず審議会の事務方主導で条件付き「認可適当」の答申にまとめられた。そういう暴走をチェックするのが上級監督官庁の文科省ではないか。大阪府の説明を鵜呑みにして答弁し、窮すると「代わってご説明できる立場にない」と逃げるのなら、文科省は不要である。

ここからがこの日の宮本質問のハイライトである。「森友事件」の中心疑惑の国有地のタダ同然の売却問題に追及の矢を向ける。

宮本議員「さて、2015年2月10日、先ほど申し上げた第123回国有財産近畿地方審議会の時点で、10年間の貸し付けで、本当に10年以内に買えるようになるのか、と危惧された森友学園が、打って変わって1年後の6月20日、貸し付け1年目に、この土地を買い入れたのだから、それは不思議に思うのは当然であります」

より正確にいえば近畿財務局と森友学園の間で借地契約が交わされたのが２０１５年5月29日で、森友学園が売却を申し出たのが２０１６年3月24日だから10カ月後である。時価で買い取る資金がないから賃借にして内部留保を貯めようとしていたのが、なぜ1年足らずで買い取れることになったのか。買い取り価格がタダ同然に大幅に下げられたからだ。宮本議員は質問を続ける。

「その額は、わずか1億３４００万円であったと。ほぼ同規模の隣接した国有地を豊中市に公園用地として売却した際の14億２３００万円の10分の1以下というきわめて異常な売却額でございました。理財局に聞きますけれども、国有地の処分は、当然適当な価格で、適正な価格で売却しなければならないはずでありますけれども、なぜこのような非常識に低い価格で売却したんですか？」

隣接した国有地というのは、第1章で紹介した豊中市が国から購入し、現在野田中央公園として整備されている、あの土地のことだ。

佐川理財局長は「不動産鑑定価格9億５６００万円から、その時点で、借地契約中に見つかりました新たな埋設物がございまして、その埋設物を撤去する費用をきちんと見積もりまして、その撤去費用を差し引いた、まさに土地の時価でもって売却したもの」と顔色も変えず淡々と答弁した。

宮本議員は質問を準備するにあたって、ゴミの撤去費用の算定は国土交通省大阪航空局が行ったものという理財局の説明に基づいて、大阪航空局にゴミの撤去費用算定のペーパー提出を求めた。

それによると、ゴミ撤去の対象面積は、約5190㎡。基礎杭の打たれる箇所の深さは、9・9メートル。基礎杭以外のその他の箇所の深さは3・8mだという。宮本議員はさらに具体的に踏み込んで追及を続ける。

宮本議員「基礎杭が打たれるところは9・9mだが、その他は3・8m、深さ3・8m埋蔵物を撤去するということでありました。大阪航空局はすでに、2009年度の調査で、この土地の地下に埋設物が存在すること、また2011年11月の調査では、土地の一部に、基準値を超える鉛やヒ素などの土壌汚染があることを認識しておりました。だから、大阪航空局はまだ土地の貸し付け契約段階だった昨年の3月30日に、学校法人森友学園と合意書を作成し、地下3mまでの埋設物の除去費用および土壌汚染除去費用として、昨年4月6日を支払い時期として、すでに総額1億3176万円を森友学園に支払っております。国交省に聞きますけれども、このうち、鉛ヒ素などの土壌汚染除去費用はいくらで、地下3mまでの埋蔵物の撤去費用はいくらでありましたか?」

大阪航空局「大阪航空局が学校法人森友学園に対して支払ったコンクリートガラ等の埋設物および土壌汚染の除去費用の総額はご指摘の通り1億3176万円でございます。

その内訳でございますけれども、埋設物対策分が約8632万円。土壌汚染対策分が約4543万円となっております」

借地中に賃借人がその土地の価値を高めた場合、その費用は貸主に請求できる民法上の規定があり「有益費」という。その規定に沿って近畿財務局と森友学園が交わした貸付契約書（有償貸付合意書）に、森友学園が借地契約時に判明していた埋設物の撤去と土壌汚染対策を行った費用は、後に償還することが盛り込まれていた（第9章で詳述）。同年3月30日国が森友学園に「有益費」として1億3176万円を全額支払うことで合意し、森友学園はその1週間後の4月6日、同額を国から償還を受けている。宮本議員は、そのうち土壌汚染対策費用を除く埋設物（ゴミ）の撤去費用を確かめたのだ。

「あと80㎝掘り進めるのに8億円もかかるわけがない」

次に、その「有益費」の対象になった、地下3mまでのゴミの撤去に要した費用に比べて、大阪航空局の見積り額が異常に高額であることを宮本議員は指摘した。

宮本議員「何が適正ですか。3mの撤去に8600万円なのに、あとわずか80㎝、3・8mまでさらに掘り進めるのに、8億円もかかるわけがないですね。その証拠に朝日記事では、森友学園の籠池理事長はあけすけに、ゴミ撤去にかかった費用は1億円ぐらいと、語ってるじゃありませんか。理財局ね、埋蔵物の撤去費用8億1900万円と積算し、国民の財産をわずか1億3000万円あまりで売ってある。買った側は、1億円で片付いたと語っている。本来なら、8億5600万円で売却しなければならなかったはずを、7億円以上も安く売ったことになるんですけれども、これでも問題ないんですか?」

しかし佐川理財局長は朝日に記事の修正を口頭で申し入れているといい、工事積算基準に基づき適正と答えるのがやっとだった。

この間の出来事を時系列でたどってみると、この土地売却の摩訶不思議さがいっそう浮かび上がってくる。

2015年5月29日　国と森友学園が10年の定期借地権を契約。保証金として2730万円納付。

2015年10月16日　森友学園が地下埋設物の撤去と土壌汚染対策法に基づく工事完了。

2015年11月17日　昭恵夫人付き谷氏の照会に対し田村国有財産審理室長が返書。

2016年3月11日　森友学園、「新たなゴミ」が出たと近畿財務局に連絡。

2016年3月24日　森友学園、借地の購入を申し出。

2016年3月30日　大阪航空局が森友学園に埋設物・土壌汚染改良費用(有益費)とし

２０１６年４月６日　大阪航空局が「有益費」１億３１７６万円を森友学園に支払い。
２０１６年４月14日　大阪航空局が「新たなゴミ」撤去費用として８億１９００万円と見積り。
２０１６年５月31日　不動産鑑定士が、更地価格９億５６００万円と査定。
２０１６年６月16日　森友学園が国有地を購入。代金１億３４００万円。10年間の分割払い。年利１％。
２０１６年９月４日　平成27年度サステナブル建築物等先導事業（木質先導型）の採択プロジェクトで、森友学園に最大６１９４万円の補助金を決定。

この1年ほどの間に、国有財産近畿地方審議会で借地契約すら大丈夫かと意見が出た森友学園に、とんとん拍子でタダ同然で国有地が払い下げられていく経過がよく分かる。先述したように４月６日、ゴミ撤去と土壌改良費用に要した1億３１７６万円が有益費として支払われている。５月31日、９億５６００万円もの不動産鑑定価格が出たその1カ月後に、国有地が1億３４００万円で売却される。有益費として1億３１７６万円がすでに償還されているので、森友学園の持ち出しはたったの３００万円足らず。鑑定価格９億５６００万円の国有地を事実上タダで手に入れたのだ。しかも頭金２７８７万円を即納した後の残額は、10年間の分割払いである。年額にして１０６１万円。有益費の償還があったので、手元に1億円ほど残った勘定である。

さらに相澤冬樹氏が指摘した（65ページ）ように、「瑞穂の國記念小學院」の設計を請け負ったキアラ設計の入れ知恵でサステナブル建築物等先導事業（国土交通省）の補助を申請して、6194万円の補助金をゲットしている。この事業について、国交省のホームページには次のように書かれている。

「再生産可能な循環資源である木材を大量に使用する大規模な木造建築物等の先導的な整備事例について、その具体の内容を広く国民に示し、木造建築物等に係る技術の進展に資するとともに普及啓発を図ることを目的にしております。この観点から、本事業では、先導的な設計・施工技術が導入される大規模な建築物の木造化を実現する事業計画の提案を公募し、そのうち上記の目的に適う優れた提案を国が採択し、予算の範囲内において、実施支援室が当該事業の実施に要する費用の一部を補助します」

横との連携を取らず物事が遅々として進まない物のたとえを「縦割り行政」という。その「縦割り行政」が結束して森友学園のために便宜をはかっている。

こうしてみると「金がない」森友学園の小学校設置を後押しし、事実上タダで払い下げられるよう、スキームを作りシナリオを描き、仕切った者がいるとしか考えられない。

しかし答弁に立った佐川理財局長は「更地の不動産鑑定価格9億5600万円から、その時点で借地契約中に見つかりました新たな埋設物がございまして、その埋設物を撤去する費用をきちんと見積もりまして、その撤去費用を差し引いた土地の時価でもって売却したもの」と答弁した。その見積額は８億１９００万円。果たしてそんな大量のゴミがあり、撤去したのか。

別の学校法人には５億８千万円でも「低すぎる」

宮本議員が衆議院金融財政委員会で質問したこの日、自由法曹団の大阪支部や京都支部の弁護士が建設中の「瑞穂の國記念小學院」を現地視察し、記者会見を行った。法律家として「森友事件」の法的問題点をつかみ、国会追及に生かしてもらうためだ。

「……弁護士たちは『大きな疑惑がある』『8年間借りる予定だったのに（不動産鑑定が出て）1ヵ月で買い取りに変わった』『大阪府私学審議会が（小学校設置の）認可相当を決定したのが早すぎる』などと感想を語った。

名誉校長は首相夫人の安倍昭恵氏……財務省の出先機関である近畿財務局が首相の意向を忖度し、捨て値も同然で売却したのか。

自由法曹団の渡辺輝人弁護士は『森友学園が国に働きかけたのではないか』と見る。

近畿財務局が公表した森友学園への売却価格は１億３４００万円。隣接する国有地（９４９２㎡）の売却価格は14億２３００万円だった。坪単価で計算すれば約10倍だ。もちろんこれが相場である。

不自然なのは森友学園の用地買い取り（近畿財務局の売却）までの経緯である。

2015年5月、森友学園と近畿財務局は土地を貸し付けることで合意する。学校用地は買い取りが通例だ。

2016年5月、近畿財務局の依頼を受けた不動産鑑定士が土地を9億5600万円と査定。

ここから摩訶不思議な取引が始まる。

近畿財務局は地下に埋設されたゴミの撤去費用8億1900万円を差し引き、1億3400万円で森友学園に売却することにしたのである。不動産鑑定士の査定が出た翌月のことだ。

朝日新聞によると、件の国有地の取得を希望していた別の学校法人は5億8千万円の購入価格を提示したが、財務局から『低い（安い）』と断られた。

森友学園だけがなぜ破格の安さで取得できたのか。疑惑は深まる。

『瑞穂の國記念小學院（安倍晋三記念小学校）』は、児童に軍歌を歌わせ教育勅語を朗誦させる塚本幼稚園の小学校版だ」（田中龍作ジャーナル　2017年2月17日）

「件の国有地の取得を希望していた別の学校法人」とは、近隣にキャンパスを持つ大阪音楽大学である。その学校法人が申し出た5億8千万円でも「低い（安い）」と蹴られたのに、

１億３４００万円とはあまりにも安すぎる。誰がみてもこの取引は摩訶不思議だ。

第6章

窮地に陥る安倍首相
深まる矛盾と疑惑

「私や妻が関係していたということになれば、首相も国会議員も辞める」

続く2月17日、衆議院予算委員会で福島伸享議員（民進党）の国有地が格安で学校法人「森友学園」に売却されたことに関する質問への答弁の中で、安倍首相は突然「私や妻が関係していたということになれば、首相も国会議員も辞める」と啖呵を切った。「瑞穂の國記念小學院」の設置のために安倍首相夫妻が8億円もの大幅値引きに肩入れした関与の疑いが濃厚になり、安倍首相は窮地に陥ったのだ。

とはいえ、憲法9条の「改正」に執念を燃やし、そのために政権にしがみついている安倍首相にとって、「首相も国会議員も辞める」とまでなぜ言い切れたのだろうか。

安倍首相が政権に復帰して2年後の2014年、内閣官房に内閣人事局が設置された。それまで各省庁の人事はそれぞれの省庁で内部自律的に決められていた。この人事局が発足したことによって内閣官房が各省庁の審議官や局長級以上の幹部の人事権を握ったのだ。内閣人事局が設けられたのは政治主導の行政運営を実現することがねらいとされる。首根っこをおさえられた省庁の幹部は官邸の顔色を伺いながら仕事をせざるを得なくなった。安倍首相の啖呵は「安倍を守れ」「安倍の答弁に合わせろ」というメッセージだったのだ。安倍首相には〈関係省庁の幹部は必ず忖度して俺を守ってくれるはず〉という、確かな読みがあったに違いない。だからこそ自信満々の啖呵が切れたのだ。このメッセージによって「森友事件」にかかわる官僚は、嘘の答弁を積み重ね、公文書の改ざんに手を染めることになる。

2月21日、宮本岳志議員は衆議院財政金融委員会で、「森友事件」について2回目の質問に立った。

まずは「瑞穂の國記念小學院」の認可に関わってのことだ。認可に関わることは依然謎だらけである。

宮本議員は、「大阪府私学審議会」と「国有財産近畿地方審議会」の二つの議事録の一部を事前に入手し、これらをもとに質疑を行った。


宮本議員「大阪府の私立小中学校設置認可の審査基準、これによりますと、校地・校舎その他の施設は自己所有を原則としつつも、教育上支障がなく、次の基準を満たす場合に限り借地も可能とし、その基準として、『当該借地の上に校舎がないこと』と定められております。

森友学園は、大阪府私学審議会が設置認可に関する審議をおこなった時点で、借地の上に校舎を建てる計画だったと思いますけれども、なぜ、審査基準に反する申請が認められたのですか?」


「当該借地の上に校舎がないこと」というのは、回りくどい行政的表現だが、要するに借地には校舎は建てられないということだ。つまり校舎を借地に建てるのはあくまで借地を自己所有にしてからでなければならない。何故このような規定が盛り込まれているのだろうか。10年程度の借地期間に堅牢な構造物が建てられたら、返還時に取り壊して現状に戻すには多額の費用を要すからだ。定期貸付の校地には小屋程度の構造物に限り、他は運動場などに供することが予定されているのだ。

「金がない」森友学園は国有地を買い取れず、買取前提の定期借地で契約を申し出ていた。宮本議員は「当該借地の上に校舎がないこと」が認可の審査基準なのに、借地契約が交わされると同時に森友学園は校舎建設に取りかかる計画になっているではないかと指摘したのだ。これは審査基準に反している。

文科省・村田高等教育局私学部長「大阪府に確認をいたしましたところ、本件校地の取扱につきましては、森友学園から国に対して公的取得要望を提出していること、その他の者から取得要望、森友学園以外のその他のものから取得要望が提出されておらず、競争性がない状態にあること、および、森友学園より、今後購入することを念頭に置いた定期借地による国有地の借用を目指していると聞いていたこと等から、これを自己所有と同等とみなして認可適当の答申を行ったということでございます」

森友学園から買取が前提の定期借地契約の要望が出ていること、他に買取の競争者がいないことをもって、自己所有と同等とみなしたという。しかし買い取る資金が確実に用立てられる保障はない。何という論理の飛躍か。

「土地が借りられるという話がなければ申請できないはず」

宮本議員は次に有償貸付契約・売買予約契約が結ばれる７カ月も前に小学校の設置認可申請が出されていることを追及した。

宮本議員「たとえ10年以内に買い取るとしても、問題であります。買い取りまでは当該借地の上に校舎がないこととの審査基準には明確に反しております。

森友学園は、２０１４年10月31日に設置認可申請を提出致しました。そうするとですね、森友学園は２０１５年の５月29日に、まさにこの国有財産、有償貸付合意書、国有財産売買予約契約書、これが取り結ばれる７カ月も前にはすでに10年契約で土地を借り、10年以内に買い取るという、この契約を前提に設置の認可申請を行ったと、いうことになりますけども、間違いないですね？」

村田部長「先ほど申しましたとおり、設置認可申請が出されておりますけども、その点につきましては、大阪府に確認をしたところ、先程申し上げたような随意契約であり、かつ他との競争がない状況であること、それから借地が国有地であり、しっかりと国に対して取得要望が出されていること等を確認をするとともに、関係の必要な情報の収集を行って、その結果を踏まえて申請を出したということでうかがっております」

「定期借地要望が出ていること、他に買取の競争者がいないこと」をもって「自己所有と同等とみなした」と、飛躍した答弁をまたも繰り返すのみだ。しかし森友学園は借地契約が交わされた、7カ月も以前に森友学園が小学校設置の申請が出されていたのだ。問題は借地契約がないまま、大阪府私学課はなぜ申請を受理したかだ。

借地契約は確実との内諾があったに違いない

宮本議員「安定した校地が確保されているという点では、これは10年間の借地契約がほぼ確実であると、そしてそのうち、それを買い取るということがなければ考えられないと思うんですね。

前回の質疑での理財局長の答弁、私に対して、『貸付10年以内に売買』ということを、第123回国有財産近畿地方審議会の前に予断を与えるような話を森友学園にしていたのではないかと申し上げましたが、これは否定されましたけども、実は、10年貸付、10年以内に売買というこの貸付の話はその前から進んでいたのではありませんか？　それから年2730万円という貸付料まですでに取り決めていたのではありませんか？」

森友学園から出された買取を前提とした定期借地要望を審議し、貸付を承認した第１２３回国有財産近畿地方審議会より以前に、国有地の借地の可能性や借地の条件について内諾がなければ小学校新設の申請を出すことなどありえないことだ。確実に借りられるという内諾が森友学園側にあったとしか考えられない。１回目の質問で内諾を否定した佐川理財局長に再度確認の質問をしたのだ。

佐川理財局長は再び内諾を否定したが、これは虚偽答弁である。内諾なしに小学校設置の申請も大阪府私学課の受理もあり得ない。

宮本議員「おかしいですよね。土地が借りられると、こういう話がなければ申請できないはずなんですけども。なぜできているんですか?」

佐川理財局長「土地の件につきましては先ほど、文部科学省が答弁したとおりだというふうに思っております。我々のほうもですね、先方から取得要望がまいりますと、それについて担当の権限を持っています、大阪府のほうに、地方の計画等との整合性とかいうことで連絡いたしますので、取得要望がきていたということについては、大阪が承知したというふうに思います」

佐川理財局長は他人事のように大阪府私学課のせいにした。

籠池理事長「金額的（には）…やっぱり高いと思った」

宮本議員「ちょっと話にならないですね。実は昨日、昨夜のＴＢＳラジオに森友学園の籠池（泰典）理事長が電話で出演をし、単独インタビューに応えた、全文がここにございます。籠池さんは、確かに近畿財務局のほうに国有地の件で話を持っていったと。誰がそれを勧めたかというと、不動産会社の方が『国有地がありますけど、これは国の土地なので財務局の方に行かれたらどうですか』というアドバイスがあって行ったと。こう述べております。

一体いくらくらいかという見積もりが向こうから示されたかと聞いたら、それに対して、『全然聞いていない』と、こう答えているんですね。『なんぼですよ』ということは言ってくれませんでした、と。

『でも借地だったらどうでしょう、というようなことで私がお聞きしたんだ』と、先方の財務局はどうでした、反応はどうでしたって聞いたら、『借りたいというなら借りたいで、その土地の金額から借地料を換算してこられるんでしょうね。で、金額的なところから言いますとね、やっぱり高いと思いました。これは高いなと』と、こう出ているんですよ。額、示したんじゃないですか？」

件の国有地の存在は不動産会社からの情報だったことが分かる。やはり貸し付けの具体的条件まで話が出ていたのだ。しかし佐川局長はそのラジオ番組はきいていないと答弁は避け、「近畿財務局に確認しても、額を示した事実はございません」と否定した。

「貸付料もわからずに、収支計画が出せるはずはない」

宮本議員は、大阪府私学審議会の議事録を示し、「資金の収支計画等の関係書類が不十分だ」と指摘する委員に対して、大阪府私学課（府私学審議会事務局）が説明したことを紹介しながら、貸し付ける校地の賃料を知らせていたのではないかと迫った。

宮本議員「『何年先に土地を購入するのにこの時点でいくらかかるということについて、平成37年、2025年までの収支計画が提出されている』と述べていますね。

理財局に聞きますけども、校地の貸付料もわからずに、どうやって10年先までの収支計画が出せるのか、事前に貸付料の目安は示していたんでしょ？」

しかし佐川理財局長は「当方から（金額を）示したことはございません」としらをきり続ける。

「ならば」と宮本議員は、2015年1月27日開かれた大阪府私学審議会の臨時審議会で、付帯条件付き「認可相当」の答申を出した議事録の部分を読み上げた。

「国有地の方は、国が優先的に売却する相手先としては公益法人となっており、今回、森友学園が学校教育法の一条校である小学校を作るということで認められるということになっています。本審議会での認可の条件は土地が所有できるということであり、国の土地売却に関する審議会では、一条校ができるということが条件になっています。（大阪府私学審議会と国有財産近畿地方審議会の）双方で認可が下りるということを前提で話を進めてまいりましたので、2月7日（10日の誤り）に国の審議会がございますので、例えば12月の審議会でOKとなっておりましたら、その契約条件の細部の詰めに入って契約に移るということでしたが、1月に臨時会ということになりましたので、条件付きで認可しかるべしとなりますと、国は契約に走ると、そういう手はずになっています」

宮本議員「手はずが整っていると、あけすけに述べているではありませんか。理財局長、近畿財務局は、大阪府私学課とともに、ここに述べられているような『手はず』を事前に整えていたということですね？」

佐川理財局長は、「いずれにしましても大阪府の私学審議会でも認可適当の答申、それを受けての国有財産近畿地方審議会での土地の処分方法の了承という順番で手続きが進められた」と手続き論で逃げたが、これで森友学園が小学校の設置申請を出す7カ月も前までに貸付の条件と確実性の内諾を示していたことがはっきりした。大阪府私学課と近畿財務局の双方で認可を下ろす前提で、手はずを整えていくことができたのだ。

「金がない」森友学園の小学校設置には様々なカベが立ちはだかったが、次々魔術師の手にかかったように乗り越えられていく。そこから空けて見えてくるものは、「瑞穂の国記念小學院」ありきだ。その立場に立ってみればこれまでみてきたような、大阪府私学審議会事務局（大阪府私学課）が借地契約がないのに設置申請を受理したことも、府私学審議会が定期借地に「相当程度の確実性」があると判断したことをもって、採決もとらず事務方主導で「認可適当」の答申を強引に引き出したことも、借地には校舎は建てられないという審査基準に目をつぶり、借地契約がなるや森友学園が校舎建設工事に着手したことも、以下は本稿では取り上げられなかったが、「期日までに小学校ができなければ土地を更地にして返す義務」が付されていたのに、期日を大幅に過ぎても返還が求められなかったことも、「超法規的」に突破できたのだ。

なお、私学課の説明の中で使われている「一条校」とは、幼稚園・小学校・中学校・高等学校・中等教育学校・大学・高等専門学校・盲学校・聾学校・養護学校のことで、各種学校や職業訓練校、保育所は含まれないことを指す。

売却後は見積り通りゴミを撤去したかどうか確認せず

宮本議員は2月15日の質問で、近畿財務局が大幅値引きの根拠とした8億1900万円ものゴミの撤去費用の見積りが過大ではないかと疑問を投げかけた。ではそのゴミの撤去は実際行われたのか。

宮本議員「森友学園は、間違いなく8億1900万円使ったと言っておりますか？　近畿財務局、および理財局は現に森友学園が、大阪航空局の8億1900万円という見積もりどおり、ダンプカー4000台分、1万9500トンもの埋設物を運び出し、処理をしたということを確認いたしましたか？」

佐川理財局長「国有財産は、不動産鑑定価格から撤去費用を引いた適切な地価で売却しておりまして、売却が終わったあとにつきましては、そこについて我々詳しい撤去の中身については把握しておりません」

大幅値引きの根拠になったゴミ撤去費用を8億1900万円と見積り、鑑定価格から差し引いてタダ同然に値引きして売却したが、売却した後は見積り通りにゴミを撤去したかどうかは確認していないというのだ。こんな馬鹿げたことはない。こんなことが許されるなら業者と結託して水増しの見積りしてもまかり通ることになる。「呆れて物が言えない」というのはこういうことを言うのだろう。

宮本議員は、さらにゴミの撤去と校舎の建設条件との関係について追及した。

見積った埋設物すべて処理しなくても校舎は建てられる

宮本議員「大阪航空局が見積もったように、廃材や靴タイヤといった生活ゴミが地下に埋まっている場所では、基礎杭部分は９・９m、その他のところは３・８m、全部、土をとってそれらの埋設物をすべてふるいわけ、１万９５００トンの埋設物を取り除かなければ、学校の校地として認められないんですか？」

宮本議員は、大阪航空局が見積ったゴミの撤去費用はあまりにも過大だけれど、そもそも地下のゴミを取り除かなければ学校の校地として認められない基準があるのか確かめたのだ。

山下大臣官房文教施設企画部長「文部科学省におきましては、小学校設置するのに必要な最低の基準として、『小学校設置基準』を定めておりますが、この省令の中で、学校予定地の土壌汚染や地下埋設物についての具体的定めは設けておりません。……文部科学省としては学校施設の計画設計上の留意事項を示したガイドラインである、『小学校施設整備指針』を定め、建物屋外運動施設等を安全に設定できる地質地盤であるとともに、危険な埋設物や汚染がない土壌であることを重要である旨、記載し、学校設置者等に周知しておりますが、いずれにしても法的な拘束力はないというものでございます」

ガイドラインはあるけれど法的な拘束力はないこと、大阪航空局が見積もったような1万9千500トンもの埋設物を処理などしなくても、学校は十分建てられることが確認された。むろん有毒物質の含有など安全が無視されてもいいというものではない。この土地にあった鉛やヒ素等の土壌汚染の対策が行われ、その費用は昨年4月6日に大阪航空局から森友学園に「有益費」としてすでに支払われおり、8億1900万円には一切入っていないのだ。

ゴミの撤去費用を過大に見積もった疑い

宮本議員「(現地で撮影してきた画像では) まだ土壌にはゴミがいっぱい埋まっています。1万9500トンもの埋設物の処理など終わっておりません。それどころか、昨夜のTBSラジオの単独インタビューで、籠池理事長は、『運動場の下は取り出さなくていいんですから、触ってないんだから、そこにお金がかかることはありません』、はっきりそう語っておられます。理財局、これはつまり、国民の財産である国有地を、多大に控除額を見積もって、まさに、ただただ8億2千万円の値引きで売ってやったとそういうことではありませんか?」

佐川理財局長「運動場の地下は、その国交省が対象としたところに入っているかどうか、ちょっとあれですが、一部入っているかもしれませんが、いずれにしても売却後、本件土地に小学校が建設されるということですので、まさにその学校建設に瑕疵がないようにということで地下埋設物の撤去を行なうということです」

むろんくい打ちをするような場所はゴミの撤去が必要かもしれない。しかし運動場の地下までゴミを撤去する必要があるのかとただしたのだ。

宮本議員「運動場の埋設物の撤去、入ってるんじゃないですか？」

平河内次長「見積もりにあたりまして対象とした面積は、全体の約59％の５１９０平米でございます。校舎の部分はすべて入っておりますけれども、敷地のうちは一部入っております。どの部分が運動場に該当するかは、調査等しておりませんが、すべての、全体の敷地の数％ですから、すべての部分が入っていることは多分なかろうかと思います」

宮本議員「すべての部分が入っていることはなかろうかと思うが、運動場の部分は入っているでしょう」

平河内次長「私が持っている図面は先ほど申しましたように対象の範囲でありますが５１９０平米の位置はわかるのですが、どこまで運動場があるのかはわからないので、申し訳ございませんが、今お答えしかねます」

結局運動場の地下までゴミ撤去の見積り対象にしたことを否定できなかった。ゴミの撤去費用を過大に見積もった疑いが濃厚である。それは籠池理事長と当局との生々しい交渉録音データによって明らかにされることになる。（第９章に詳細）

第7章

小学校認可取り下げ、籠池理事長辞任

鴻池事務所面談録の生々しいやりとり

3月1日、論戦の舞台は参議院に移った。予算委員会の総括質疑に立った小池晃議員は、「総理も、今回の国有地処分について与党議員から働きかけはなかったのかとの質問に対して、『一切なかったと答えているが本当になかったのか』とただした後、鴻池祥肇（よしただ）参議院議員（自民党）事務所の面談記録を取り上げた。小池議員は鴻池事務所のものであることを伏せてこの面談記録を取り上げたが、明らかに与党サイドから出たものであることをうかがわせたので、委員会室にはどよめきが走った。

この鴻池事務所の面談記録のことは、第3章で石川府議が府議会教育常任委員会の質問ですでに触れている。今少し籠池理事長が政治家に働きかけていた、生々しい内容を見ておきたい。

面談記録は2013年8月5日から始まっている。森友学園は2011年夏頃、小学校認可申請の基準緩和を要請し、翌年認可基準が緩められたのを受けて小学校設置を表明。森友学園が小学校設置の申請を出したのが2014年10月末だから、鴻池事務所に働きかけたのは申請を出すほぼ1年前のことである。つまり小学校設置の申請を出す前からかなり活発に政治家に働きかけ、国に働きかけていたことがうかがえる。以下辰巳孝太郎『直及勝負』による。

「8月5日、陳情者　籠池泰典理事長　来訪相談『塚本幼稚園が小学校設置希望の件。豊中市の国有地借地を希望。近畿財務局より、学校の場合は購入のみと回答あり。8年間は借地にてその後購入できないか』」（21ページ）

「2013年9月13日、『籠池氏から相談があり、9月12日、大阪府庁に近畿財務局の国有財産管理官が来て、小学校設置認可のお墨付きが必要。大阪府は、土地賃借の決定が必要。ニワトリとタマゴの話、何とかしてや』」（21〜22ページ）

この「ニワトリとタマゴの話」というのは、近畿財務局の方で借地の認可を下ろさなければ、大阪府の私学審議会は小学校設置の認可が出せない。小学校設置の認可が出なければ、国の方は借地の承認を出せない――両すくみの状態だったことを指す。第3章で石川府議への答弁で「形式的に対応致しますと、どちらも門前払いになってしまいます」と「瑞穂の國小學院ありき」の大阪府の私学課を悩ませた、あのことを指す。籠池理事長は両すくみのこう着状態に陥っている事態を動かすよう、鴻池事務所に働きかけ、大阪府と近畿財務局を動かしていたのだ。

その後の推移は小学校設置の認可と国有地の貸付が「相当程度の確実性」があるとして、大阪府私学審は小学校の設置申請を認可し、国有財産近畿地方審議会は森友学園へ貸付の答申を出し国有地の借地契約が交わされた。

1円でも高く処分するため「見積り合わせ」が通常

「2014年1月31日には籠池氏より、『小学校用地の件、近畿財務局と前向きに交渉中。賃料及び購入額で予算オーバー。賃料年間3500万円から2500万円に、売却予定額15億を7〜8億にが希望』」（22ページ）

「2015年1月9日の記録では、籠池理事長からの相談で、『国有財産賃借の件。本日、財務局担当者よmり、土地評価額10億、10年間の定期借地として賃料4％、約4000万円の提示あり。高すぎる、2〜2・3％を想定。何とか働きかけてほしい』」（22ページ）

あまりにも生々しいやりとりの記録だ。

辰巳議員は、次のように記している。

「国は本来随意契約であっても、1円でも高く国有財産を貸出、売却するため、予定価格は伏せたまま、まず買い手に購入希望額を入れさせ、それが予定価格を上回っていた場合はそれを売却価格とし、逆に希望額が予定価格に満たない場合は改めて購入希望額を入れさせ、これを二度まで繰り返す『見積り合わせ』を行う。しかしこのメモでは貸付契約を結ぶ前から価格が飛び交っているではないか」（22〜23ページ）

鴻池祥肇参議院議員は記者会見を行い、この面談記録が自身のものだと認めた。にもかかわらず、安倍首相は「今読まれた文書はどういう文書かということも分からない」と怪文書扱いにして逃げの答弁に終始した。

ところで小池晃議員が総括質問で取り上げた鴻池事務所の面談記録は、共産党への内部告発によるものだ。「籠池氏から相談は受けたが、何らやましいことはやっていない」と身の潔白を証明するために鴻池事務所サイドから出たものだろうが、誰が内部告発したかは分からない。しかし鴻池議員が認めた通り本人の事務所のものであることは間違いない。

これ以降も共産党が独自に入手した文書や音声データによる追及が続いたが、いずれも内部告発によるものだ。森友事件を国会で初めて本格的に取り上げた宮本議員も、後に「森友オタク」とか「森本博士」の異名を取り、森友追及の第一人者となる辰巳議員も、内部告発の文書や音声記録をもとに独自調査を行い「森友事件」の追及と解明をはかっていった。内部告発が共産党に多く寄せられるのは、国政でも地方政治でもブレずに厳しく自民党政治に対決している共産党に信頼を要せてのことだ。しかしそれだけではない。辰巳議員は、演説や講演で次のように語っている。

「一つは共産党に内部告発しても握りつぶされることがない、必ず追及に使ってくれるという信頼だ。内部告発者が立場のリスクを賭してせっかく告発しても、その内部告発の内容がどれほど値打ちがあるものなのか理解されず無視されたり、あるいは意図的に握りつぶされることがないという信頼です。

もう一つは内部告発者の情報をしっかり守ってくれるという信頼だ。この二つの絶対的信頼があるからこそ内部告発者は安心して告発できるのです」

籠池理事長辞任、小学校認可取り下げ

3月10日（金）夕刻、学校法人「森友学園」の理事長・籠池泰典氏が塚本幼稚園で記者会見を行った。

小学校設置の認可基準の緩和に時間がかかったこと、校舎がほぼ完成し備品や机や椅子が入る段取りだったこと、ゴミの運び出しにかなりの労力を費やしたこと、今回のことが表沙汰になってから、報道の過熱と野党の追及でゴミ処理が進まなくなったこと、寄付金の集まりが悪くなったこと、籠池氏の信条、家族の信条が報道されるようになり、ほとんど袋だたきの状態だったことなど、恨みつらみを述べた。その上で「今日、14時に小學院の認可申請を取り下げた。涙が出るような思い。もう少し暖かい目で見てほしかった。断腸の思いである」と述べ、合わせて理事長も近く辞任すると語った。

少し先走ることになるが、この先3月23日に開かれた衆参予算委員会での籠池氏への証人喚問で、「小学校の認可を急に取り下げたのはなぜか」という枝野衆議院議員（民進党）の尋問に対して籠池氏は次のように証言した。

「一生懸命、今までやってきた。そして2月23日、安倍首相が私について『しつこい人だ』と発言した。そのあたりから、風向きが変やなと。学園に対する風向きがひどくなってきた。籠池の人間像も悪い奴だという方向でレッテルをはられる。公権力が我々に対し人権的な圧力をかけてきたんだなと思った。その矢先、弁護士から取り下げた方がいいとアドバイスされた」

「金がない」森友学園が無理に無理を押し通して小学校設置を目指してきただけあって、この逆風は籠池氏を窮地に立たせた。幼稚園を運営するだけの小さな森友学園にとって小学校設置は、軍国と皇国史観の愛国教育推進勢力の後押しなしにはあり得ないのだ。

ここにきて森友学園の「瑞穂の國記念小學院」の設置は頓挫した。しかし「森友事件」の核心は、なぜ大阪府は軍国と皇国史観の愛国教育を行う小学校を認可したのか、なぜ近畿財務局は校地として国有地をタダ同然で払い下げたかだ。「瑞穂の國記念小學院」が頓挫してもその解明は依然続けられねばならない。

籠池理事長「安倍首相から100万円の寄付」

参院予算委員会は、豊中の小学校建設予定地の視察を決め、3月16日予定地を視察した。当初予定になかった籠池理事長も視察に同行することになった。「瑞穂の國記念小學院」を断念した籠池氏は、後押ししてきた要人が手のひらを返したように相次いで離れていく──自分が切られていく口惜しさから、こうなれば事実を洗いざらいさらけ出そうとしたのかもしれない。

「時の人」が来ることもあって、完成間近い校舎の敷地の周りはテレビ中継車が並び、テレビカメラの三脚の砲列が敷かれ、空にはヘリが飛び交い、報道関係者や籠池氏を支援する人たちが発する奇声で周りは騒然とした雰囲気になった。筆者も現場に居合わせたが、人だかりで工事用の柵にも近づけず、内部の様子すらうかがえなかったほどだ。

小学校の建設敷地に入っていた辰巳議員によると、籠池氏はグランドに集まった国会議員に向かって敷地外の報道関係者にも聞こえる大声でこう叫んだという。

「我々がこの学園を作り上げようとしたのは、みなさんのご意志があってのことやと思っています。しかも、このご意志の中には、誠に恐縮ですが、安倍内閣総理大臣の寄付金が入っておりますことを伝達します」（24ページ）

驚くべきショッキングな発言が飛び出した。籠池氏によると2015年9月5日、安倍昭恵氏が名誉校長に就任したその日に、昭恵氏に帯同していたお付きの職員（谷査恵子氏）を園長室から外させ、籠池氏に「夫からです」と100万円を手渡されたという。

安倍首相が森友学園の教育理念に深く共感、賛美していたことと、軍国と皇国史観の愛国教育を行なっている、異常な学校法人が設置する小学校の建設資金に、一国の首相が１００万円も寄付したとなれば次元が異なる話になる。安倍首相が相当な思いで軍国と皇国史観の愛国教育を行う小学校に肩入れしていたことを示すものだからだ。

しかし安倍氏はその後寄付したことを全面否定した。

第8章
政治の「神風が吹いた」

衆参の予算委員会は3月17日、籠池理事長を23日に証人喚問することを議決した。与党側は当初籠池氏を証人喚問すれば、〈何をいいだすかわからない〉という警戒感から野党が求める証人喚問を拒んでいたが、安倍首相が「瑞穂の國小學院」の設置資金として100万円寄付したという籠池理事長の発言に対して「首相に対する侮辱だ」（竹下亘・自民党国対委員長）と、自民党は強く反発。このままにさせておくことはまずいという判断に傾き、与党は籠池氏を偽証罪に問える証人喚問をすることに合意したのだ。

3月23日、籠池泰典理事長の証人喚問が衆参予算委員会で行われた。籠池理事長の冒頭証言や各党議員の尋問に対する受け答えは落ち着いており、よどみない。1年後に行われた証人喚問で佐川理財局長が「刑事訴追の恐れがありますので」としばしば証言を拒んだのと雲泥の差である。証人喚問のテレビ中継を観た人から、「悪役」の印象が強かった籠池理事長が「嘘をついているとは思えない」「真実を語っている」という印象をもったという声をしばしば耳にした。むしろ好感を持った人も少なくないではないだろうか。筆者もその1人だ。

反省と口惜しさをにじませて証言

籠池氏が冒頭証言した全文は次の通りだ。少々長いが虚偽の証言をすれば偽証罪に問われる場での証言は貴重である。

真に日本国のためになる子どもを育てたいという思いから、４月に「瑞穂の国記念小学院」を開校できるように頑張ってきた。教育者としての私の思いに、安倍首相や昭恵夫人、大阪府議会の先生方をはじめ多くの関係者に理解いただいたことを感謝している。一方、手続き上の便宜から設計士の助言にしたがって工事請負契約書が３種類作成されたことや、幼児教育の現場で指導の行き過ぎなど、反省すべき点について反省し、謝りたい。今後は行政の指導の下で適切に改善をおこなっていく。

小学校の開設手続きは弁護士からの指示で申請をとり下げた。

これまで応援してくれている方々が手のひらを返すように離れていくのを目のあたりにして、どうしてこうなってしまったのだろうという思いもある。本日は、私の承知していることを率直に話す。

１００万円寄付

小学校の名前については、以前から私の教育理念に共感していただいている安倍首相に敬意を表したいと思い、「安倍晋三記念小学校」とするつもりで昭恵夫人にも相談し、理解をいただいたものと思っている。

後日、昭恵夫人から首相の名前を使うことを遠慮してほしいという申し出があったので、小学校の名称は「瑞穂の国記念小学院」と変更した。

昭恵夫人は幼稚園に３回来て、視察してもらった。昭恵夫人に「瑞穂の国記念小学校」の名誉校長に就任してもらったのは2015年9月5日に講演をしていただいた時だ。

その日、講演の控室として利用していた園長室で、対面したときに、(夫人が)同行していたおつきの方に席をはずすよう言った後、2人きりの状態で、「一人にさせてすいません。どうぞ安倍晋三からです」とおっしゃって、寄付金として封筒に入った100万円をくださった。昭恵夫人は覚えていないと言っているようだが、私たちには大変名誉な話なので鮮明に覚えている。

大阪府との関係

小学校の設置に関する大阪府への申請では、先に亡くなった、大阪府議会議長を務められた畠成章氏からのご恩も忘れられない。畠氏は森友学園の幹事も務めていた。畠氏は、松井知事の父親とも親しい付き合いがあり、松井知事が維新会派をつくるときにも影ながら助力されたということで、松井知事や府に力添えいただけるようお願いしていた。

そのおかげで大阪府の当時の総務部長などにも説明させていただいた。小学校設置の認可申請では特別な取り計らいをいただき感謝している。その後、大阪府でどのようなやりとりがなされたのかはうかがい知ることはできない。松井知事や関係者から話をきいて国会や府議会で真相を究明してほしい。

土地取引

小学校の建設用地である豊中の国有地の存在については、不動産屋から13年に紹介をうけた。国有地ということで、15年５月29日に定期借地契約を締結した。買い上げの条件として10年後をもっと長い期間へ変更できないかと思い、昭恵夫人に助けをいただこうと考え、同年の10月、携帯に電話をした。留守電だったのでメッセージを残した。

後日、内閣総理大臣夫人付の谷査恵子さんから連絡があり「なかなか難しい」という返事をもらった。

同年11月17日に総理夫人付の谷さんからファクスで「大変恐縮ながら現状では希望に沿うことができない、なお本件は昭恵夫人にも報告している」との言葉をいただいた。

この間、財務省で、どのようなことが起きたのかわからない。昭恵夫人、谷さん、財務省の関係者にその経緯を聞いてほしい。

あの土地に、ヒ素や鉛などの有害物質があることは契約上も明らかだった。昨年３月に工事が始まって新たに生活ごみが出てきた。

その後、工事を施工していた中道組から、北浜法律事務所の酒井康生弁護士を紹介してもらい、土地取引に関する一切の交渉をお願いしたところ、最終的に、土地価格は８億円あまりも値引きになり、１億３４００万円になった。想定外の大幅な値下げに当時はびっくりしたが、売買契約を結んだ。交渉の詳細は承知していないので、値引きの根拠などについては近畿財務局、当時の迫田理財局長、酒井弁護士に聞いていただきたい。

認可申請取り下げ

顧問弁護士だった酒井先生の指示で、大阪府への小学校設置認可申請を取り下げた。その後、なんら事態は改善せず、むしろ私だけを悪者にするような、政府の要人や大阪府知事の対応をみて、なにかおかしいと気づきはじめた。

財務省の佐川理財局長の命として部下のシマダさんが「10日間隠れていて」と、酒井弁護士から伝えられた。酒井弁護士が財務省近畿財務局や大阪府とどのような関係があったのかぜひ国会でも聞いてほしい。

この問題が国会で議論されるようになってから私の妻に昭恵夫人から、「(籠池) 夫妻がいま大変なことは想像つきますが、主人にとっても大変なことにまきこまれたということも理解いただきたい」とか、「私が関わったことは裏で何かあるのではと疑われないように」という「口止め」ともとれるメールが届いた。

私たちの学校の開校を楽しみにし、考え方に非常に共鳴していますとか、森友学園の先生の教育にたいする熱意はすばらしいという話を聞いていると総理も言っていただいたのにどうしてなのか割り切れない思いだ。

国有地の大幅な値引きなど、一連の経緯の真相をあきらかにするためにも、私だけがとかげの尻尾切りで、罪をかぶせられるのではなく、私がこうして国会で正直に話をしたので、そのほかの関係の方々を国会に呼んで事実関係を聞いて、真相究明を進めるよう心からお願いします(「しんぶん赤旗」2017年3月24日付)。

籠池氏はこれまでの幼稚園教育に行き過ぎがあったことを反省する弁を述べるとともに、これまで小学校の設置に協力してくれていた人たちが手のひらを返したように離れていく口惜しさがにじみ出ている。安倍首相から１００万円の募金があった焦点の問題について、「私と二人きりの状態で『一人にさせてすいません。どうぞ安倍晋三からです』と１００万円の寄付金をくださった。鮮明に覚えている」と明確に証言している。

虚言であれば偽証罪で問われる証人喚問の場での証言である。この証言は重いものがある。

この「一人にさせてすみません」という言葉について、山本太郎議員（自由党）は「これは『一人でこんな学校づくり大変なのに任せてごめんね』という意味が含まれていると思います。同志という思いがないと、おそらくこういう言葉は出ないと思うんですね」と尋問したが、同感である。

同時に昭恵夫人から籠池夫人に口止めを示唆するメールが届いていたこと、昭恵夫人付きの政府職員・谷査恵子氏が籠池氏側の要望を財務省の幹部に取り次いでいたこと、佐川理財局長の命として「10日間隠れているように」という指示があったことも明らかにされた。籠池氏の冒頭証言だけでも、これから真相究明につながる糸口がつかめた。

リアリティを感じる１００万円寄付の証言

焦点になっていた１００万円の寄付金について尋問したのは、民進党の枝野衆議院議員である。

枝野議員「100万円の寄付の際、人払いしたのは誰か」

籠池氏「昭恵夫人だ」

枝野議員「昭恵夫人はその場で『黙ってて』と言ったのか」

籠池氏「講演後、昭恵夫人が車で帰られた。私が見送りから戻って5〜6分後、昭恵夫人から電話を頂いてそう言われた。内閣総理大臣の主人からとなると問題も多かろうと推察した」

枝野議員「一部の評論家などから、100万円は籠池氏が講演料として昭恵夫人に渡そうとしたが夫人が断って、それを寄付にあてたものではないかと言われているが？」

籠池氏「事実は小説より奇なりだ。私が申し上げていることが正しい」

昭恵夫人は夫が多額の寄付をすることに相当に気を払っている様がうかがわれる。昭恵夫人が人払いしたのも匿名を希望したのも合理的動機が認められる。籠池氏は「事実は小説より奇なり」と言っているが、籠池氏の証言にリアリティが感じられる。

参議院でも自民党の西田昌司議員がこの問題を取り上げた。

西田議員「昭恵夫人に事情を聞いた。お付きの方は席を外したことはないといっている」

籠池氏「それは事実と違っている。２人だったことは間違いない」
西田議員「都合のいいことを言っている。証明はできない」
籠池氏「私は安倍総理の大ファンだった。寄付金をもらった段階で、名前を出さない方がいいかと思った」

西田議員は昭恵夫人から聞いたこととして「お付きの人を外したことはない」と述べているが、昭恵夫人の証言は偽証罪が問われる場での証言でもなく信憑性は限りなく低い。口裏合せがいくらでもできる。説得力を持たせるなら昭恵夫人を証人喚問すればいいが、与党はそれにはかたくなに応じない。

だいたい物事に共感、賛同できることに対して金銭面でも後押ししたいと思い、その気持ちとして寄付することはその人の自然な気持ちの発露である。安倍首相は塚本幼稚園の軍国と皇国史観の愛国教育に強く共鳴し、森友学園が設置する「瑞穂の國記念小學院」に賛同していたのだから、１００万円寄付するのはむしろ自然なことだ。それをやっきになって否定しかかることの方がおかしい。しかし毎朝教育勅語を暗誦し、軍歌を唱和し、ヘイトスピーチと安倍晋三総理大臣を礼賛する塚本幼稚園の異常な教育内容が知れ渡った。「瑞穂の國記念小學院」が軍国と皇国史観の愛国教育をやることは、大阪府に提出したカリキュラム案や「しんぶん赤旗」の取材で籠池氏ははっきり述べている。そんな小学校の建設資金を寄付したことが表ざたになることがやましかったのだ。

一方籠池氏に100万円の寄付が「なかったものをあった」とする動機は見つけにくい。籠池氏がいみじくも語っているように、時の総理大臣から100万円の寄付があることは名誉なことである。2月23日、安倍首相が籠池氏を「しつこい人だ」と答弁した辺りから、これまで協力してくれていた要人が次々手のひらを返すように離れて行き、自分が切られて行く――籠池氏におかしいという思いはあったが、「10日間身を隠しているように」という佐川理財局長の命をまだしっかり守っている。尊敬する安倍首相への心情はまだ残っていたはずだ。100万円の寄付が「なかったものをあった」として、安倍首相を陥れるほどに心情が転化したとするには飛躍がある。証人喚問で真実を明かにしたいという思いが強かったのだろう。またあったものをなかったことにする動機も見つからない。筆者は籠池氏の証言にリアリティを感じる。結局与党は籠池氏を偽証罪に問うことはできなかった。

西田議員は尋問の終わりで「この問題の本質は、はじめからあなたにお金がなかったということ。私は税理士もやっているので事業計画に詳しい。あなたは、志はよかったかもしれないが、お金の手当がないままつき進んでいった。はじめの計画がかなり無茶苦茶だった」と、籠池証人をこき下ろした。証人喚問は証人を非難、追及する場ではない。真実を引き出す場である。そういう場であることをわきまえず、証人をつるし上げようとした目論見は見事に失敗した。

問題はそういう「無茶苦茶だった」小学校設置を、軍国と皇国史観の愛国教育推進勢力が無理に無理を重ねて後押し、国有地をタダ同然で払い下げた責任こそ問われるべきことである。

「その動き、スピード感、非常に速かった」

近畿財務局が埋設物の撤去費用を過大に見積もり、８億円も値引きして不動産鑑定価格９億５６００億円もの国有地が、実質タダ同然で売却へ動くスキームやシナリオはどのようにして作られ、誰が仕切ったのか。

小池晃議員はそのカラクリを探るために籠池証人に尋問した。

小池議員「（２０１６年３月）24日に、あなたは土地購入を申し込みます。その前に、埋設物撤去費用を土地代から引くというような話は、近畿財務局から提示されましたか。財務省に行ったときに、埋設物の撤去費用の問題を話し合いをされましたか」

籠池氏「そういう話は全く受けていません」

小池議員「安倍昭恵さんは、塚本幼稚園で３回目の講演をやったのが、(20) 15年の９月５日です。その２日前（の３日）に安倍首相は、財務省の（迫田）理財局長と東京（官邸）で会っています。塚本幼稚園での昭恵夫人の講演テーマは、「瑞穂の國記念小學院」についてだと思います。あなたに対して、財務省が前向きに動いているというような話がありましたか」

籠池氏「財務省が前向きに動いていると感じたのは、生活ごみが出てきたあとが著しかったと思います」

小池議員「具体的には、生活ごみが出てきて、8億円の値引きが行われる過程だと思います。どういう点で、どういう動きをみて、財務省は前向きだというふうに思ったのでしょうか」

籠池氏「私どもの弁護士が入っておりましたから、その動き方、スピード感、非常に速かったと思います」

籠池氏は「新たなゴミ」が出てきたと近畿財務局へ連絡してから、値引きへ前向きに動き始めたと具体的に証言している。専門家の顧問弁護士の目から見ても前向きに事がスピード感をもって進み始めた。

改めて時系列でみればそのスピード感は一目瞭然である。森友学園が「新たなゴミ」が出てきたと近畿財務局に連絡したのは、2016年3月11日のことである。1カ月もたたないその月の24日、森友学園は定期借地契約から1年もたたないうちに国有地の買取りを申し出る。4月14日、大阪航空局が「新たなゴミ」の撤去費用として8億1900万円と見積もる。5月31日、不動産鑑定価格が9億5600万円と査定される。そして6月16日、わずか300万円足らずの持ち出しで国有地が森友学園に渡ったのだ。

「神風が吹いた」「なんらかの見えない力が働いた」

宮本岳志議員も同じ問題意識で、森友学園側と財務省との間ではどういう印象だったかを尋問した。

宮本議員「再確認します。（3月11日、「新たなゴミ」が見つかったと近畿財務局に連絡し、本省の幹部に直談判するために）国有財産審理室長という肩書の方と3月15日に会いましたか」

籠池氏「はい、お会いしました」

宮本議員「財務省が前向きに動いていると感じたのはどういう力が働いたのか」

籠池氏「そのときは神風が吹いたかなと思った」

宮本議員「調べたら、間違いなく、このときの審理室長と、3月15日の審理室長は同一の方、田村（嘉啓）さんです。その直後に、あなたは（2016年）3月24日にこの国有地を買うと申し出ています。そのときに、買うということを申し出る以上は買えるという見通しがあったと思いますが、その点はいかがですか」

籠池氏「定期借地（の賃料）が年間2700万円でしたから、大量のゴミが出てきて、これはかなり問題があると当然思ったわけです。少なくとも2700万円の半分ぐらいになるだろうと直感的に思っていました。ただ、そのまま定期借地をするのであれば、1年間、また開校がずれると大変なので、購入したほうがいいのではないかと考えたということです」

宮本議員「あなたは午前中の参議院での（小池晃議員の尋問に対する）答弁（証言）で、このときから、財務省が前向きに動いていると感じたと言いました。いったい、どういう力が、そこに働いたなと感じましたか」

籠池氏「私は、そのときは神風が吹いたかなと思ったということです。なんらかの見えない力が動いたのではないかなと思いました」

宮本議員「（その前年の）15年の10月、11月ごろ、定期借地の期限延長を申し出たが、それがなかなか、ご期待に添えませんという答えを出した審理室長に、ここに地中深くから（ゴミが）出てきたということを掛け合いにいったら、その後、一気に物事が売買の方向で動いたというのは、私は、そこになんらかの力、政治の力が働いたと思います」

「（その前年の）15年の10月、11月ごろ、定期借地の期限延長を申し出た」経緯は、次章（第9章）で触れることになる。

森友学園は前年の5月29日、国と定期借地の契約を交わしたものの、賃料が年2700万円というのは、「金がない」森友学園にとって負担が大きい。そこで籠池氏は地中から「新たなゴミ」が出てきたことを材料に交渉すれば、賃料を半分ぐらいに下げられるのではと直感したというのだ。そしてできれば買取れないものかと思ったという。

しかし「金がない」森友学園なのに、籠池氏は買取りを考えたというのはどういうことだろうか。宮本議員が「買うということを申し出る以上は買えるという見通しがあったと思いますが、その点はいかがですか」と尋問したことは当然の疑問である。しかしこの尋問に対して籠池氏が直接言及する証言はない。また「新たなゴミ」が出てきた、どうしてくれるんだと、籠池夫妻が本省の田村嘉啓氏に直談判に行った際、どういう内容の掛け合いをしたかについても、具体的に証言していない。また小池議員が「埋設物撤去費用を土地代から引くというような話は、近畿財務局から提示されましたか」と尋問したことに対して、籠池氏は「そういう話は全く受けていません」と明確に否定している。

これはどういうことだろうか。すでに森友学園の要望に沿う立場にポジションを置いていた財務省側は、「新たなゴミ」が出たと連絡を受けるや、これは値引きのスキームに使えると考えたに違いない。しかしゴミの撤去費用を差し引く具体的シナリオまでまだ描けていなかった。小池議員がいう「8億円の値引きが行われる過程だ」ったのだ。だから「埋設物撤去費用を土地代から引くというような話は、近畿財務局から提示され」なかったのだろう。籠池氏は冒頭証言で「想定外の大幅な値下げに当時はびっくりした」と述べているように、タダ同然の値引きは財務省側主導で行われていたのだ。しかしこの直後から値引きの動きが出始めたことが籠池氏に「神風が吹いた」「なんらかの見えない力が働いた」と印象づけさせた。

ここで注目されるのは、小池議員が取り上げた安倍首相の2015年9月上旬の動きである。

9月3日、官邸で財務省の岡本官房長と当時の迫田理財局長に会い、何らかの報告を受けている。4日読売テレビのワイドショー「ミヤネ屋」「そこまで言って委員会」に生出演するため大阪へ飛んでいる。この日は大阪市中央区にある近畿財務局9階会議室で、近畿財務局の池田統括管理官、大阪航空局の高見調整係、「瑞穂の國記念小學院」の設計を請け負ったキアラ設計所長、工事を請け負った中道組所長が寄合い、会合が持たれている。

この日国交省の住宅生産課が、「平成27年度サステナブル建築物等先導事業（木質先導型）の採択プロジェクト決定について」を公表、森友学園に最大6194万円の補助金を拠出することが発表された。

安倍首相はテレビ番組に生出演後、国土交通大臣をつとめた故冬柴鉄三氏（公明党）の長男が営むフグ店に向かっている。8億円の値引きの根拠となるゴミの撤去費用の積算を行った大阪航空局は国土交通省所管である。

4日安倍首相に同行して大阪入りした昭恵夫人は5日、「瑞穂の國小學院」の名誉校長に就任し、講演している。

国会は戦争法・安保法制の論戦の山場で、国会の外では安保闘争以来といわれる規模の戦争法に反対するデモと集会で騒然としていた。安倍首相は安保法制の審議があったのをサボって大阪に飛んだ。よほどのことがあったと思われる。タダ同然の値引きへスキームが作られていくことと符号してはいないか。

この章は山本太郎議員（自由党）の尋問で締めくくりたい。

山本議員「このままいけばご自身が背負う負債はどれぐらいに？」
籠池氏「17、８億だと思う。本当にとんでもないことになったと思う」
山本議員「どの政治家に怒りを覚えますか？」
籠池氏「大阪府知事」
山本議員「他は？」
籠池氏「大阪府知事」（辰巳孝太郎『直及勝負』28ページ）

ハシゴを外された橋下知事や松井知事へのうらみつらみが満ち満ちている。自ら大阪府に要望して小学校の設置基準が緩和されたこととはいえ、設置基準を厳守し、小学校設置の認可を下ろさなかったらこんなことにはならなかったのだ。

第9章

国会を揺るがすファックス文書、音声記録

証人喚問で、籠池氏は「15年5月29日に借地契約を締結した。買い上げの条件として10年後をもっと長い期間へ変更できないかと思い、昭恵夫人に助けをいただこうと考え」たと証言した。

また「同年11月17日に総理夫人付の谷さんからファックスで『大変恐縮ながら現状では希望に沿うことができない、なお本件は昭恵夫人にも報告している』との言葉をいただいた」とも証言した。籠池氏の要望を「谷さん」が財務省の担当者に取り次いでいたのだ。いわゆる「口利き」である。「谷さん」とは、安倍総理大臣夫人昭恵氏付きの谷査恵子氏のこと。歴とした政府職員である。昭恵夫人が塚本幼稚園の園長室で「安倍晋三からです」と寄付100万円を籠池氏に手渡したとき、昭恵夫人が人払いをしたという、あの人物だ。

証人喚問を終えた3月23日夕方、籠池氏は都内で記者会見を開き、谷氏から届いた2015年11月17日付のファックス文書を公表した。このファックス文書は、籠池氏の要望を谷氏が国有財産審理室長の田村氏に照会していたことへの返答だった。

籠池氏が谷氏に送った国への要望の手紙

大門実紀史（みきし）参議院議員（共産党）は、3月28日の参院決算委員会で独自に入手した、籠池氏が谷氏に送った要望の手紙を明らかにして質疑に立った。

手紙は2015年10月26日付。籠池氏が記者会見で公表した、谷氏からのファックス文書より20日ほど前のものだ。手紙は籠池氏の弁護士を通じて、籠池氏本人が書いたもであることが確認されている。籠池氏の要望に対する田村室長が返答したファックス文書を見ただけでは行政表現が並び、籠池氏の要望にどういう風に返答しているのか、一般には分かりづらい。また籠池氏の手紙も当事者でないものには分かりづらい。

この手紙と田村室長からの返答ファックス文書の両方を突き合わせてみると、籠池氏の要望と田村室長の返答したポイントがつかみやすい。

籠池氏の手紙は次のように要望している。

「学校が事業用地で定借10年は短すぎる（10年以内に買い取ることができなければ建物を取壊して現状に復して返還しなければならない）。10年で買い取るつもりではあるが、事業環境が変わったりするのでやはり50年定借（定期借地）として早い時期に買い取るという形に契約変更したい……。でないと安心して教育に専念できない」

さらに「買い取り価格もべらぼうに高い」「半値で借りられたらありがたい」と要望が続く。

この要望に対して理財局の田村室長は次のように返答している。

「通常、国有地の定借は３年を目安にしているが、今回は内容を考慮し、10年と比較的長期に設定したもの。他の条件と照らし合わせても、これ以上の長期定借は難しい状況」

「政府としては国家財政の改善をめざす観点から、有休国有地は即時売却を土流とし、長期定借の設定や賃料の優遇は縮小せざるをえない状況。介護施設を運営する社会福祉法人への優遇措置は、待機老人が社会問題化している現状において、政府として特例的に実施しているもので、対象を学校等に拡大することは現在検討されていない」

国有地の処分は売却が原則である。特別の事情のもとでは定期借地を認めているが、田村氏の返答で、定期借地の目安が3年であることが明らかにされた。森友学園の10年という定期借地契約がいかに異例の優遇措置だったかが分かる。また田村氏は社会的要請の高い特養ホームや介護施設の場合のように50年には延ばせないと明言している。

籠池氏の手紙は、さらに借地契約後に出てきたゴミ撤去と土壌改良に要した費用（「有益費」のこと）の償還を急ぐよう要望している。

「平成27年2月契約時前の段階で、財務（局）と航空（局）の調整の中で、学園側が工事費を立替払いして平成27年度予算で返金する約束でしたが、平成27年度予算化されていないことが9月末発覚し、平成28年度当初に返金されるという、考えられないことも生じています。11月中に土壌（改良）工事が終わりますのに、4ヶ月間のギャップはどう考えているのか、航空局の人間の感覚が変です。4ヶ月間の利息は？　振り回されています」

これは森友学園が埋設物の撤去や土壌改良の「有益費」の償還が、行った年度に措置されず翌年度回しになり、その間の利子をどうしてくれるんだと不満をぶちつけたものだ。田村室長は次のように返答している。

「平成27年５月29日付ＥＷ第38号『国有財産有償貸付合意書』第５条に基づき、土壌汚染の存在期間中も賃料が発生することは契約書上で了承済みになっている。撤去に要した費用は、第６条に基づいて買受の際に考慮される」

「一般には工事終了時に精算払いが基本であるが、学校法人森友学園と国土交通省航空局との調整にあたり、『予算措置がつき次第返金する』旨の了解があったと承知している。平成27年度の予算での措置ができなかったため、平成28年度での予算措置を行う方向で調整中」

籠池氏がぼやいていた「有益費」の償還については、次年度にはちゃんと予算措置をして返還しますと返答している。

「ゼロ回答」どころか「満額回答」

このファックス文書について安倍首相の認識をただした大門議員に、「『ゼロ回答』であり、なんら影響はなかった」と答弁した。一見そのように見えるが果たしてそうなのか。
大門議員は「ファックス（文書）だけなら『ゼロ回答』のように見える部分もあるが、籠池氏の手紙と突き合わせていくと、要望はその後すべて実現している」と次のように指摘した。

▽定期借地期間を50年に延長したうえ「早い時期に買い取る」→16年6月の売買契約で実現。
▽土地の賃料を半額に→支払額を月額に直せば要望通り。
▽森友側が立て替えていた工事費の支払い→16年4月6日に執行となっており、『ゼロ回答』どころか『満額回答』

「支払額を月額に直せば要望通り」というのは、1億3400万円という破格の価格で買い取ることになった国有地は、第5章でも触れたことだが、即納金（保証金）2787万円を差し引いた残額を10年間借りた場合の年額賃料に単純換算すると、年額にして1061万円。借地契約している賃料2700万円の半額以下になり、籠池氏の要望通りになっていることを指している。

大門議員はもう少し長いスパンでみると、すべて籠池氏の要望通り見事な「満額回答」になっていると指摘したのだ。

もともと「金がない」森友学園は国有地を買い取れず、10年の「定期借地」契約を交わした。10年以内にその時点での時価でその国有地を買い取らねばならない。それが1億3400万円に大幅値引きされたことによって買い取ることができるようになり、借地料を長期間支払い続けた上にその時の時価で買い取る出費もしなくていい。森友学園にとっては「満額回答」以上の回答だったのだ。これを籠池氏は政治の「神風が吹いた」と率直に表現した。しかも第４章で先述したように、「有益費」の償還で１億３１７６万円がポンと入り（２０１６年４月６日）、国有地の買い取りは分割払いだからほぼ１億円あまりの現金が手元に残った勘定だ。くわえてサステナブル建築物等先導事業（木質先導型）で思わぬボーナス（６１９４万円）までゲットした。

注目すべきは、証人喚問後の記者会見で、籠池氏は「谷氏からファックス（田村審理室長の返書）が届いてから大きく物事が進み始めた」と述べていることだ。神風はいきなり吹いたのでなく前年から吹き始めていたのだ。籠池氏の要望への田村室長からのファックス文書は安倍首相がいう「ゼロ回答」などではなく、森友学園が国有地取得に向けて事が前に動き始めたエポックになったのだ。

ここから以降は籠池氏が証人喚問で「神風が吹いた」と証言した８億円の値引きのカラクリの解明に入っていく。その国会論戦の中心になったのが、辰巳孝太郎参議院議員である。

８億円の値引きや公文書の改ざんがどのように行われたか、追及にしらを切り逃げ続ける安倍政権に対して、野党は連携して事件解明にあたり、関係省庁に説明を求める合同ヒアリングが定着し、他のテーマにまで広がった。野党共闘が選挙だけでなく合同ヒアリングや国会論戦でも足並みを揃え、国会の状況を一変させる状況が生まれた。辰巳議員は勧められるままに最前列の長机のど真ん中に陣取ることが多くなる。自他ともに「森友オタク」「森友博士」と認められるようになった。

しかし「森友事件」の核心となる国有地のタダ同然の売却のカラクリは、「有能な」官僚たちが考えたスキーム、シナリオである。しかもウソや逃げの答弁を繰り返す中から、そのカラクリを解き明かすのは至難だった。

これまでのところ「森友事件」についてまとまって書かれたものは前掲の『直及勝負』の第1章「『森友事件』700日の記録」以外に見当たらない。これだけの大事件であるのにまとまった著作が限られているのは何故だろう。しかし『直及勝負』は辰巳孝太郎参議院議員の6年間の国会論戦の記録であり、「森友事件」だけに焦点があてられたものではない。「森友事件」に関心があっても入手しにくい事情がある。

以下『直及勝負』第1章「『森友事件』700日の記録」を再構成し、中心点を読みやすく紹介したい。『教育と愛国』と同様、特別断りがない限り1段下がりの「 」は、同著の引用である。

国とのやりとり音声記録が相次いで流出

2016年3月15日、ノンフィクション作家の菅野完氏が、籠池氏が国とやり取りしていた音声記録を公表した。以後何本もの音声記録が相次いで流出する。むろん録音していたのは籠池氏である。

辰巳議員は音声記録の意義について次のように語る。

「肉声に勝る説得力はない。言葉のニュアンス、声のトーン、場の空気がストーンと伝わる。文書でそこまでは難しい。……我々が把握しているだけでも、２０１６年３月15日、３月16日、３月30日、５月18日の音声記録がある。それらが次々と流出し、安倍政権を追い詰めていく。『記録を廃棄』したことにして国有地格安売却の経緯を葬り去ろうとした政権にとっては痛手だっただろう」（30ページ）

谷氏への手紙といい、谷氏からのファックス文書といい、こうした音声データといい、籠池氏が記録を取り、保存し、整理していたことは、きわめて慎重かつ几帳面な人物であることをうかがわせる。音声記録は「動かぬ証拠」として安倍政権を追い詰め、「森友事件」の解明に大きな役割を果たすことになる。これらの資料は安倍官邸や維新の会にとっては思わぬ伏兵だっただろう。それは「森友事件」を解明していく上で「悪役」籠池氏の大きな「功績」である。

３月15日の音声記録は、３月11日に「新たなゴミ」が見つかったとして、近畿財務局に連絡した４日後、籠池夫妻が財務省本省に乗り込んで直談判した時のものだ。籠池夫妻が直談判している相手は、昭恵夫人付きの谷氏が、籠池氏の要望を照会した、あの国有財産審理室長の田村氏だ。理財局審理室長は財務省の高官である。籠池夫妻がいきなり乗り込んでも会わせてもらえない。近畿財務局の職員が取り次いだのだ。

籠池氏「なんや、棟上げ式にね、首相夫人がこられて餅を撒くことになっているから。余計ね、僕はね、えらくびっくりしてしもたんですよ。これ、棟上げ式ずれるんちゃうかっていうやつがあるでしょ、やっぱりね、こんなバカなことようやるなあ」（31ページ）

籠池氏は昭恵夫人が「瑞穂の國記念小學院」の棟上げ式で餅まきをする手はずになっていることをちらつかせ、安倍昭恵夫人の存在をほのめかす。安倍昭恵氏は、この時すでに建設中の「瑞穂の國記念小學院」の名誉校長に就任しており、前年昭恵夫人付きの谷氏から籠池氏の要望を照会されていた田村氏は、そのことを当然知っている。昭恵夫人の存在をほのめかすとは抜群の巧みさである。この国有地の処分が「安倍案件」であることを印象付けるうえで抜群の効果があった。

「安倍首相は国会答弁で『名誉校長に安倍昭恵という名前があれば印籠みたいに〝恐れ入りました〟となるはずがない』と言っていたが、田村氏『我々としては応援の気持ちでやっている』と、全体の奉仕者であるはずの国家公務員が、行政の公平性をも逸脱して、森友学園に寄り添う姿勢を見せていたのである」（31〜32ページ）

しかし、

「佐川氏は答弁の度に『（森友学園に）価格を提示したこともないし、先方からいくらで買いたいと希望があったこともない』とし、（１億３４００万円の）国有地売却の正当性を主張してきた」（32ページ）

ところが、２０１７年夏に流出した、第２の音声記録が政府答弁を完全に覆す。２０１６年５月18日、森友学園との交渉に一貫して関わってきた近畿財務局統括国有財産管理官の池田靖氏とのやり取りの音声記録だ。国有地が埋設物の撤去費用として８億２０００万円値引きされて、１億３４００万円で払い下げられる１カ月前のことである。

池田氏「できるだけ早く価格提示をさせていただいて。そこそこの撤去費を見込んで価格計上させてもらおうと思ったんですよ。だから我々の見込んでいる金額よりも（撤去費が）少なくても我々は何も言わない」

籠池氏「だから、もうゼロ円に近い形で払い下げをしてほしい、ほんとはね。ゼロ円にきわめて近い形や」

池田氏「有益費の１億３０００（万円）という数字をもう、国費として払っているので、その分の金額ぐらいは、少なくとも売り払い価格は出てくるっていう……」

籠池氏「(池田氏が)言っているやねぇ、1億3000(万円)が云々というものよりも、ぐーんと下げていかなあかんよ」

池田氏「理事長がおっしゃるゼロに近い金額まで努力する作業をやっている」(32～33ページ)

驚くべき価格交渉である。というより実質タダで払い下げられるための打ち合わせである。籠池氏が「ぐーんと下げて」と迫っていることに対して、池田氏は有益費としてすでに国が支払っている1億3000万円を下回ることは、いくら何でもそれはできないと籠池氏をなだめ、償還した有益費に限りなく近い額に近づけ、森友学園に負担がかからないよう、ゴミの撤去費用を水増しするといっているに等しい。

これはこれまでの政府答弁と完全に矛盾する。しかし政府の答弁は「(音声記録が)どういったものか分からない」と、音声記録についての質問を受け付けない。

「音声記録を認めてしまえば、国有地を適正な手続きと公正な価格で払い下げた、という答弁との齟齬が生じてしまうからだ。

野党の畳みかける追及に堪りかね、少しづつ答弁し始めたが、これも噴飯ものの答弁だった。例えば価格の事前提示について、佐川氏後任の太田充理理財局長は、『(音声記録について)金額についてはやりとりがございました。価格については、予定価格ということでご答弁を申し上げております』と、答弁したのだ。

つまり、『金額』と『価格』は別の概念だとして、『金額』のやりとりは認めた上で、佐川氏の答弁は『価格のやりとりがない』という意味なので、虚偽答弁には当たらないというのである。開いた口が塞がらないとはこの事ではないか。落ちるところまで落ちた財務省である」（34ページ）

売却価格打ち合わせの音声記録に逃げることができなくなった財務省は、「金額」と「価格」は概念が異なり、やり取りは「金額」だと言葉遊びで逃げ切ろうとした。

「新たなゴミ」の捏造

２０１７年の暮れ、共産党は新たな音声記録を入手した。第３、第４の音声記録だ。一つは３月16日に記録されたもの、もう一つは３月30日に記録されたもの。合計約５時間30分。辰巳議員は年末年始の休みを返上して書き起こしを一気に行った。その時の模様を次のように書き記している。

「かなり骨の折れる作業であったが、籠池氏と職員の音声記録は、我々が追及してきたことの正しさが証明され、一つひとつはまっていく真相のピースに、私は興奮した。そしてこ

の二つの音声記録によって、国が大幅値引を可能とするため『新たなゴミ』を捏造していたことが判明したのだ」（35ページ）

森友学園が「新たなゴミ」が出てきたと近畿財務局へ報告した、3月11日の4日後の15日、籠池夫妻は財務省本省に押しかけて田村嘉啓国有財産審理室長と直談判したことはすでに触れた。その際、田村氏が「大阪で対応させます」と指示し、翌3月16日に行われた近畿財務局でのやり取りを録音したものが、3月16日の第3の音声記録である。この音声記録は、杭打ちの過程で噴出した埋設物の速やかな撤去を、籠池夫妻が激しい口調で国に求めるところから始まっている。

辰巳議員は「ところが国は理解できない対応に出る。終始低姿勢で謝罪を繰り返した」と、国側の意外な対応に驚く。

「しかしそもそも杭打ちの過程で出てきたゴミについて、国は謝罪する必要はなかった。なぜならこの埋設物は、2015年5月29日に交わした貸付契約書（国有財産有償貸付合意書）で明示されているものであるからだ。

契約書第5条において、森友学園は、大阪空港局などによって行われた地下埋設物調査で明示された地下埋設物を了承し貸し付け契約を結んでいる。ここで明示された埋設物とは、およそ地下3メートルまでのものである。

そのうえで、契約書第６条において、この５条で明示された埋設物を森友学園が処理した場合には、除去費用を国が有益費として償還払い（後払い）されることになっていた。

大量のゴミが埋まっていることを承知で土地の貸し付けを受けた森友学園は、２０１５年８月から11月にかけて埋設物の処理を行い、その費用（約）１億３２００万円だったとして、翌年の４月償還払いを受けている」（36ページ）

この有益費の償還のことはこれまで何度か触れてきた。籠池氏の要望を谷氏が財務省に照会したことに対して、返答した国有財産審理室長の田村氏が、国有財産有償貸付合意書の条項にまで触れて「（ゴミの）撤去に要した費用は、第６条に基づいて買受の際に考慮される」ことになっていた。つまり差し引くということだ。貸付合意契約書でゴミが存在していることや、その撤去費用については有益費として償還することを明示してあるのだから、杭打ちで出てきたゴミについて国側は謝罪する必要はなかったのだ。

辰巳議員は「ここからがミソだ」という。

「実は埋設物はすべて撤去されずに大量に残されたのだ。２０１５年４月に近畿財務局の依頼で行われた土地鑑定では、大阪航空局の試掘調査報告（２０１０年）にもとづき、地下埋設物は１万１７００トンと想定されている。ところが森友学園側が処分した埋設物はその16分の１にとどまっていた。地中の浅い部分にあったマンホールや土管以外のゴミは残したのだ。

なぜ残したか。2015年9月4日、森友学園と近畿財務局、大阪航空局は、高額になる見込みの処理費用について話し合いを持っていた。

近畿財務局の職員は『建設に支障のないゴミの撤去費用は支払えない』といい、結局、業者は掘り返したゴミを一部を除いて撤去せずに埋め戻す、『場内処分』をすることになった。

埋設物をどこまで処理するかは森友学園の判断だ。森友学園は建設に支障のないゴミは残したのだから、翌年に実施された杭打ちの過程で、自らの責任で処理せずに残したゴミが出てきて大騒ぎするのは余りにも滑稽な話ではないか」（36〜38ページ）

近畿財務局の職員が「（校舎の）建設に支障のないゴミは支払えない」というのは道理である。これは宮本岳志議員がすでに追及したことである。どこまで処理するかは森友学園の判断にゆだねられており、国側が謝罪する必要はない。

「ただし地表に出てきたゴミが貸付契約書に明示された既知の埋設物ではなく、3メートルより深いところから出た「新たなゴミ」である場合は、話は変わってくる」と、辰巳議員は次のように述べる。


「……瑕疵担保責任で国の責任ある対応が必要になってくる。開校が遅れれば森友学園から損害賠償請求もあり得る。3月16日の時点では、出てきたゴミが既知のものか3メートルより以深のものかは分かっていない。国が『新たな埋設物』と判断したのは、工事事業者が行った試掘穴を国の職員が確認した3月末以降である」

「ところが3月16日の交渉で大阪航空局の職員は、『今回出てきた産業廃棄物は国の方に瑕疵があることが、多分、多分というか判断されますので、その撤去については、国の方からやりたい』、『今出てきている部分がありますよね。そこについてはおそらく、瑕疵、国が知りえなかったもの。要するに我々は（前年）土地改良をやった残りだと認識していない。建築工事をやって悔いを打たれて発生したものであると思っているわけです』

と、森友学園に伝えている」（39ページ）

出てきた埋設物が貸付契約書に明示されている既知のゴミではなく、「新たなゴミ」だとして国が瑕疵担保責任をあえて負い、埋設物の撤去にかかると予想される費用を売却時に丸ごと値引きすることで、森友学園にタダ同然で国有地を入手させるスキームを早々と描いていた——と、辰巳議員は指摘する。これは「新たなゴミ」の捏造に他ならない。結果、森友学園はタダ同然で国有地を手に入れることができた。逆に「新たなゴミ」でなければ、このような手法での売却はできなかった。

国の職員を帰らせた後、設計業者は籠池氏に「『実際問題、今日の解釈すごいと思う。予算の取り方の体裁の話だけで、結局全部やりますっていう話で、答え持ってきた』と。国の対応に驚きの言葉を発しているのも、そのためだ」（40ページ）

「ストーリー」を口裏合わせ

森友学園は、その後数カ所の試掘を行なって、埋設物の確認と深度の計測を行った。3月24日には、国の職員も現場に行き、事業者が行った試掘を目視した。

しかし、「ここでも問題が発生した」と、辰巳議員はいう。思った以上に深いところからゴミが出てこないのだ。深い箇所からゴミが出なければ「新たなゴミ」とは言えないではないか。3月20日の音声記録には、森友学園と国が、3メートル以深のゴミを捏造するやりとりが残っていた。

国側の職員「……その（3メートルより）下にあるゴミというのは、国が知らなかった事実なんで、そこはきっちりやる必要はあるというストーリーはイメージしている。3メートル以下からゴミが噴出しているという写真がもし残っていたら」

工事業者「ちょっと待ってください。そこは語弊があるので、3メートル下から出てきたかどうかは分からない。下から出てきたとは確定、断言できていない。そこにはちょっと大きな差がある。認識をそういうふうに統一した方がいいのであれば合わせる。でもその下から出てきたかどうかは、工事した側の方から、確定した情報として伝えるのは無理」「3メートル下より3メートルの上の方がたくさん出てきているので、3メートル下からはそんなにたくさん出てきていないんじゃないかな」
国側の職員「言い方としては混在と。９メートルの範囲で」
工事業者「９メートルというのはちょっと分からない。そこまでの下は」
弁護士「そこは言葉遊びかもしれないが、９メートルの所までガラが入っている可能性を否定できるかと言われたら否定できない。そういう話だ」
工事業者「その辺をうまくコントロールしてもらえるなら、われわれは資料を提供させてもらう」
国側の職員「虚偽にならないように、混在していると。ある程度、３メートル超もあると。出るじゃないですか、ということ」
工事業者「あると思う」
国側の職員「そんなところにポイントを絞りたい」（40～41ページ）

３メートル下からのゴミはないというのなら、杭打ち過程で地表に押し出されたゴミはやはり貸付契約書（有償貸付合意書）で確認されている埋設物であって、「新たなゴミ」ではない。しかし最後には国側職員のストーリーに工事業者も折れて、国と森友学園が口裏合わせ「新たなゴミ」が捏造されたのだ。

「問題は、なぜこのような異常な対応がなされたのか、だ。思い出してほしい」と、辰巳議員は続ける。

「前年、財務省は安倍昭恵氏付職員谷査恵子氏から、籠池氏からの貸付料引き下げ要求等の照会を受けた。2015年5月の貸し付け契約から半年も経たないうちに『貸付料を半額にしてほしい』『10年以内の買取は短すぎる。50年の定期借地にしてほしい』などと、森友学園は身勝手な要求を始めたのだ。この要求に財務省は凍り付いたはずだ」(42ページ)

森友学園の資金計画や財務状況を不安視する声が続出したことは、第3章の冒頭で2014年12月に開かれた大阪府私学審議会の議事録をすでに紹介したとおりである。そのために継続審議になったほどだ。ところが、翌年1月の審議会で財務状況をまともな審議もせず、条件付き「認可適当」の答申を出している。

一方近畿財務局は、森友学園から土地取得の要望を受け、国有地は売り払いが原則のところ、「3年が目安」(田村審理室長)の国有地を10年間の定期借地にし、事業の必要性、資金計画の実現性などについて確認を行い、2015年2月の第123回国有財産近畿地方審議会にはかった。

「つまり、近畿財務局としても森友学園の資金計画に太鼓判を押しているのだ。

ところが5月の貸し付け契約から数ヶ月後に、『今の賃料では10年以内では買えない』と大幅な値下げを打診してきたのだから、焦ったに違いない。

仮に10年以内に森友学園が購入できなければ資金計画に太鼓判を押した財務省の判断も

問われる。そして何より安倍昭恵夫人が名誉校長をつとめている小学校を頓挫させるわけにはいかないではないか。

そこで財務省は、２０１６年3月に出てきた埋設物を『新たなゴミ』として値引きの根拠にし、森友学園にタダ同然で買わせるスキームを考案したのだ。

国は国民の財産を不当に安く売却したとして背任罪に問われるべきではないか」（42〜43ページ）

すなわち、こういう構図ではないか。——軍国と皇国史観の愛国教育推進勢力が政治的圧力をかけて超法規的に「瑞穂の國記念小學院」の設置を認可し、これまた超優遇で10年という国有地の定期借地の契約を交わした。しかし森友学園から、賃料の値下げや借地期間の延長を要望されるなど、もともと不安視されていた資金力のなさが露呈されて、「瑞穂の國記念小學院」が頓挫する恐れが出てきた。「安倍案件」の小学校設置が危ない。これはまずいということで「金がない」森友学園でも買取れるようにスキームが作られ動き始めたということだろう。

第10章

安倍昭恵氏の関与をもみ消す公文書改ざん

森友学園が2014年の12月に行った地質調査報告書がある。森友学園が国有地を10年の定期借地契約（2015年5月29日）を交わす1年ほど前のものである。森友学園からの借地申請を受けて近畿財務局が地質調査を認めたと思われる。2014年10月末に大阪府私学審議会に小学校設置申請を出した直後のものだ。このボーリング調査で、およそ3メートルより下にゴミがないことが確かめられる。辰巳議員は土木工事の専門家にみてもらったが同じ意見だった。

「しかし国会の追及で『私が聞いた専門家の意見も同様だった』では根拠としては弱い。そこで私は、国立研究開発法人産業技術総合研究所（以下「産総研」）にボーリングデータを送り意見を聞くことにした。産総研は地質を研究している国立の機関である。政府も産総研の見解なら軽々に否定できないはずだ。ただボーリング調査が森友学園のものであることは伏せておいた。国立の機関だ。忖度された回答が返ってくる恐れがある」（43ページ）

すぐにメールが返ってきた。

「当該地域は、最近1万2000年間に堆積した『沖積平野』と呼ばれる地域で、主に未固結の粘土、泥、砂からなっています。ボーリングデータからは、2つのボーリングとも深度3・1まではビニール片や木片が大量に入っているとの記載があり、おそらく深さ3メー

トル程度までは人工的に埋め立てた埋設土からなり、それより深い部分が天然の堆積物と思われます」（44ページ）

辰巳議員はすぐに産総研の研究者にきてもらい、当該地層についてさらに詳しく聞くことにした。率直に「この地層で3メートルより下にゴミがあると言えますか？」と聞くと、「専門家としては『ない』と答えるしかありませんね。常識です」と即答したのである。

2017年3月24日の予算委員会テレビ質問で産総研の見解をぶつけた。石井国土交通大臣はまともな答弁ができなかった。

さらに同年11月30日の予算委員会で辰巳議員は次のように質問した。

辰巳議員「今、おおむね地下3メートル以下は沖積層という話がありましたけど、沖積層って一体なんですか」

河戸光彦会計検査院長「沖積層とは、約1万8000年前より後の最終氷河期以降に堆積した地層を指すものと承知しております」

辰巳議員「数万年の経過でできた自然の堆積層に、なぜビニール片やマヨネーズの蓋が出てくるんですか。そんなものが発見されたら、それこそ歴史的発見じゃないですか」（44ページ）

委員会室はどよめきと笑いに包まれた。

さらに2017年11月に公表された会計検査院報告でも、深いところから押し出されたゴミではないと結論付けている。

「工事事業者が用いた杭工事の施工方法では、施工深度の浅い部分に存在する廃棄物混合土から順に地表に押し出されるものと考えられる。よって、地表に押し出された廃棄物混合土は、施工深度の浅い部分に存在していたものであると考えられる」（45ページ）

崩れた値引きの根拠

口裏合わせのストーリーで、ないものをあることにした「新たなゴミ」はなかったのだ。

8・2億円の値引きの根拠となった試掘報告書が2017年8月末にようやく提出された。報告書は杜撰、添付された写真は不鮮明なもので、国会質疑で様々な疑問が出された。そりゃあそうだろう、ないものをあるとしたのだから、試掘報告書は辻褄を合わせるために苦労したのだろうが、瑕疵だらけになるのは必然だった。

辰巳議員は怒りを込めて国土交通省の悪質な対応を指摘する。

「試掘報告書の瑕疵は2017年秋の臨時国会ですでに指摘されていたが、国土交通省は

『事業者に説明を求めている』という答弁を繰り返し、自ら進んで調査する姿勢を一切示さなかったのだ。

その『求めた説明』もあくまで電話口で業者に求めたものであり、私は国交省が文書で業者に説明要請するよう予算委員会理事会でも繰り返し求めたが、国交省は頑として拒否。野党が求めた資料の提出を出来るだけ遅らせるミエミエの審議妨害だ」（46ページ）

追い詰められれば追い詰められるほど政権側は審議を妨害し、真相解明を妨げる。「森友事件」の解明はこうした審議妨害との闘いでもあるのだ。しかし時間をかけてでも道理で動かすしか術はない。

「2018年8月、大門議員と私とで参議院予算委員長の控室まで行き直談判した結果、国交省はしぶしぶ文書による説明要請を受け入れた。私は報告書で使用された試掘写真のデジタルデータの提出も求めたが、求めたデジタルデータが参院予算委員会に提出されたのは、5ヶ月後の11月だった。デジタルデータを提出させるだけでもそれだけの時間をかけなければならない。本当に悪質なサボタージュだ」（46〜47ページ）

辰巳議員は写真のデジタルデータを解析した。別々の地点で撮影された3枚の写真に同一の物体が複数写っており、2枚については縮尺を合わせるとぴったり重なった。デジタルデータには撮影時間や撮影位置情報まで記録されている。時間を調べると報告書では50メートル離れた別々の試掘穴とされていたのが、14秒のシャッター間隔しかなく、実際は同じ穴を撮った写真が、別の写真として使われていたのだ。

2019年1月、ついに工事事業者は文書で回答し、3枚の写真は同一の試掘穴であると誤りを認めた。国有地を8・2億円も値引きする根拠は完全に崩れた。

だいたい、国交省は「3メートルより下にはゴミがない」と言っていた業者に、「地下深くからもゴミが出てきたストーリー」に沿って、作成させたのがこの報告書なのだから、まともになるはずがない。辰巳議員はいう。

「国交省、財務省、森友学園は、この点でも共犯関係にあるのだ」（49ページ）

2017年11月22日、会計検査院の調査報告が公表された。会計検査院は国の予算が公正に執行されているかどうか、無駄がないかチェックする内閣から独立した行政機関である。その報告書は、同年3月6日、参議院が国会法第105条に基づき提出を要請したものだ。報告書はゴミの撤去費用の算定方法について「十分な根拠が確認できない」「慎重な検討を欠いていた」と結論付けている。辰巳議員は会計検査院報告書が安倍政権に打撃になったという。

「会計検査院報告書が、過大に値引きされている可能性のある金額を書き込まなかったことに対する批判は免れない。

だが、森友学園への国有地売却は適正だったとし、野党が求める関係者の国会招致にも応じず、会計調査が行われていることを理由に、まともに説明責任を果たしてこなかった安倍政権にとっては、報告書は痛かったに違いない。政権への追及は加速した」（49ページ）

近畿財務局は当初契約に後ろ向きだった

その会計検査院報告の前日に、検査院にこっそり提出された公文書がある。いわゆる法律相談文書である。

近畿財務局の中には法務監査官という部署があり、法曹資格を持った職員が法的アドバイスを他部署に提供している。この法律相談文書から読み取れるのは、近畿財務局は、ある出来事まで森友学園との売買交渉に後ろ向きだったということだ。

「本来、国有地の売り払いは、随意契約であっても土地の取得要望から、約2ヶ月で審議会にかけられることになっている。ところが、森友学園は半年経っても、審議会に諮るだけの資料を整えることができずにいた。また、何かと難癖をつけてきていたので、近畿財務局としてはやっかいだと辟易していた。

そしてとうとう近畿財務局は審査のために必要な書類を一向に揃えない森友学園に対し

て、痺れを切らして三行半（みくだりはん）を突き付ける時がくる。2014年4月28日だ。法律相談文書の『経緯』の部分に次の記述がある。

『いつまでも待てない』と説明。

事実上の交渉打ち切り通告だ」（50〜51ページ）

ところが約1カ月後の6月2日、近畿財務局は売払いを前提とした貸し付けについては協力する、と態度を一変させたのだ。いったい何があったのか。

その後明らかとなる改ざん前の決裁文書（「普通財産の貸し付けに係る承認申請について」2015年2月4日）には、国の変化を決定づけた4月28日のやりとりがさらに詳しく残されていた。

「なお、打ち合わせの際、『本年4月25日、安倍昭恵総理府人を現場に案内し、夫人からは、〝いい土地ですから、前に進めてください〟とのお言葉をいただいた』との発言があり（森友学園籠池理事長と夫人が並んで写っている写真を提示）」（51〜52ページ）

この写真とは、豊中市の小学校建設予定地を背景に撮影された、籠池夫妻と昭恵氏がおさまったスリーショットの1枚だ。昭恵氏が写った写真を見せられた近畿財務局は、慌てて本省財務局に伺いをたてたにちがいない。本省の判断で契約交渉の継続が決まったのだ。辰巳議員は「籠池氏の起死回生の一手だった」とこの写真の効能を指摘する。

「籠池氏は2017年3月23日の証人喚問において、宮本岳志衆議院議員に、売買の経緯で『神風が吹いた』と証言したが、その正体はやはり安倍昭恵氏であった」（52ページ）

国と維新が二人三脚で

辰巳議員は「『森友事件』を語る時、決して落としてはならない重要な要素がある。それは維新の会の存在だ」として、大阪府の私立小学校の認可基準を森友学園が要望した通りに規制緩和し、緩和された審査基準さえ歪めた運用をはかり、森友学園が設置申請をした小学校を条件付き「認可適当」の答申を出すなど、「維新なくして小学校の建設はあり得なかった」と述べている。維新の会が国と二人三脚で森友学園の小学校「認可ありき」へ突っ走ったのは明瞭である。

それらのことは第3章、第4章で詳細してきたことなので割愛する。そこでは触れられなかった、石川たえ府会議員が追及した要支援児の水増し請求を見逃したことを紹介したい。

「事実、改ざん前の決裁文書では維新に所属していた国会議員5人についての記述があり、平沼赳夫衆議院議員、中山成彬衆議院議員が森友学園で講演していたことや、杉田水脈、三木圭恵、上西小百合の各衆議院議員が学園を訪れていたことが記されている。証人喚問でも、設置基準緩和を東徹府議に要請したこと、中川隆弘府議にも口利き依頼した事が分かっている」（53ページ）

「府議会でも府の異常な特別扱いが問題になった。日本共産党の石川たえ府会議員が、塚本幼稚園が大阪府の『特別支援教育費補助金』を不正に受給してきた問題を追及したのだ（2017年3月13日）。府議団の調査では、複数の関係者から証言が寄せられ、調べると塚本幼稚園は最高時、園児の14％が『要支援児』と申請し、そんな実態がないのに補助金を受け続けてきたのだ（同じ年の府内幼稚園からの申請は平均0・6％）。（54ページ）

「10年で受けた額は1・7億円。府はその後、告発しているが、当初は『調査もし、適正に執行している』と言っていた。見逃すはずのないものを、ここまで見逃してきたのも、維新と森友との特別な関係があったからではないか」（54ページ）

異常な申請率の高さからいって気づかないはずがない。意図的に見逃し森友学園を資金的に支援したといっていい。そこには維新の会と森友学園との蜜月の関係があったのだ。

安倍昭恵氏の関与を消すため、前代未聞の公文書改ざん

2018年3月2日、朝日新聞は「森友文書　書き換えの疑い」の大見出しでスクープを打っ

た。衝撃のスクープである。朝日新聞の記事の主要部分を紹介したい。

「学校法人・森友学園（大阪市）との国有地取引の際に財務省が作成した決裁文書について、契約当時の文書の内容と、昨年2月の問題発覚後に国会議員らに開示した文書の内容に違いがあることがわかった。学園側との交渉についての記載や、『特例』などの文言が複数箇所でなくなったり、変わったりしている。複数の関係者によると、問題発覚後に書き換えられた疑いがあるという」

というリードでスクープ記事は始まる。

「内容が変わっているのは、2015～16年に学園と土地取引した際、同省近畿財務局の管財部門が局内の決裁を受けるために作った文書。1枚目に決裁の完了日や局幹部の決裁印が押され、2枚目以降に交渉経緯や取引の内容などが記されている。

朝日新聞は文書を確認。契約当時の文書と、国会議員らに開示した文書は起案日、決裁完了日、番号が同じで、ともに決裁印が押されている。契約当時の文書には学園とどのようなやり取りをしてきたのかを時系列で書いた部分や、学園の要請にどう対応したかを記述した部分があるが、開示文書ではそれらが項目ごとなくなったり、一部消えたりしている。

また、契約当時の文書では、学園との取引について『特例的な内容となる』『本件の特殊性』

と表現。財務省は国会で学園との事前の価格交渉を否定し続けているが、『学園の提案に応じて鑑定評価を行い』『価格提示を行う』との記述もあった。開示された文書では、これらの文言もなくなっている」

朝日新聞の記事は改ざんされる前の文書と開示された文書との対比が具体的であり、改ざんされた可能性が極めて濃厚である。

辰巳議員は、3月5日の予算委員会で太田理財局長に詰め寄った。

辰巳議員「改ざんされる前の文書があるのかないのか、はっきり答えていただきたい」

太田理財局長「現在、大阪地検におきまして、背任ほか、証拠隠滅や公文書等破棄についての告発を受けて、捜査が行われており、財務省としては、この捜査に全面的に協力している段階であり、お答えすることが捜査にどのような影響を受けるか予見し難いということのため、答弁は差し控えさせていただきたいというふうに考えてございます」

辰巳議員「捜査への影響というのは理由になりません。国会は国権の最高機関であります。国政調査権を有する国会において真相を明らかにしていくことと、全く矛盾しません。調査において真相を明らかにすることに、いったいどんな捜査への影響があり得るのか。捜査に全面的に協力するというんだったら、国政調査権を持つこの国会が全面的にこの調査をしていく、このことが大事だ」（56ページ）

太田理財局長は捜査を理由に答弁を拒む。朝日新聞のスクープ報道後も、財務省はなかなか改ざんの事実を認めようとしない。6日の予算委員会理事会でも、財務省は大阪地検の捜査を理由に全面調査に後ろ向きな姿勢を見せた。

事態を打開したのが、6日の野党合同ヒヤリングだった。自由党の森ゆうこ参議院議員が、5日近畿財務局に乗り込んだ際に入手した決済文書の存在を公開したのだ。その決済文書には、金額表記や名前、文末にサインペンのようなものでつけられた点状のマークがあった。これは官僚が誤字脱字などをチエックする際につける跡らしい。辰巳議員らが提出を受けた決済文書にはそのような痕跡はない。つまり2種類の決済文書が存在することが明らかになったのだ。

辰巳議員は野党合同ヒアリングを次のように評価する。

「2018年2月の働き方データの捏造をきっかけに本格的に始まった野党合同ヒヤリングは、メディア完全フルオープン。記録に残るという意味では、官僚にとって国会答弁と同様の責任と重みを持つ。しかも議員から質問の『事前通告』もなく、矢継ぎ早に質問が浴びせられるのだから、官僚にとってその緊張は測りきれない」（57ページ）

結局、追い詰められた財務省は9日、前理財局長だった国税庁長官の佐川氏を辞任させ、12日、とうとう改ざんを認め、佐川氏の証人喚問ものまざるを得なくなった。

安倍昭恵氏の記述5カ所が削除

辰巳議員は「改ざんされる前の決済文書の中で昭恵氏の記述があるのは、2文書である」として次のように述べる。

「一つは『特例承認の決裁文書①』（2015年4月30日）で、正式には『普通財産の貸付けに係る承認申請について』という文書だ。

もう一つは『特例承認の決裁文書②』（2015年4月30日）で、正式には『普通財産の貸付に係る特例処理について』だ。

両方の文書にある『これまでの経緯』の部分に、前出の『いい土地ですから、前に進めてください』と『H27・1・8 産経新聞社のインターネット記事（産経WEST産経オンライン【関西の議論】に森友学園が小学校運営に乗り出している旨の記事が掲載。記事の中で、安倍首相夫人が森友学園に訪問した際に。学園の教育方針に感涙した旨が記載される』（原文ママ）がある。

そして『特例承認の決裁文書②』の『【学校法人 森友学園】の概要等』のページに『平成26年4月 安倍昭恵総理夫人 講演・視察』と記載されている」（59ページ）

辰巳氏が「森友事件」にかかわって講演や報告で「森友事件」を語る時、必ず強調するのが次の下りだ。

「なぜ近畿財務局は決裁文書に安倍昭恵氏の名前を書き入れたのか。そもそも決裁文書のなかの『経緯』とは、事の成り行きやいきさつの重要な部分を応接録などから抽出し、なぜ特例を認めるのか、後から文章を見た人でも分かるようにするためだ。

前述したように、当初近畿財務局は森友学園との契約には後ろ向きで、2014年4月には契約の打ち切りも伝えている。昭恵氏と籠池夫妻とのスリーショットの写真によって国の方針が180度転換して、『売払いを前提とした貸付に協力』となるのだが、近畿財務局は特例（承認）の条件が昭恵氏であることを明確にするため、あえて昭恵氏の名前を決裁文書に書き入れたと見るべきだろう。昭恵氏の『関与』なしでは、契約はなかったのである」（60ページ）

国有地の処分は売却が原則であり、特別の条件のもとで買取を前提に貸し付けにする場合でも、田村国有財産審理室長が安倍昭恵氏の照会に対して「3年が目安」であると返答していることは前章で触れた。10年の貸し付けというのはまさに特例中の特例承認だったのだ。何故特例の承認をしたのかを説明するために、決裁文書に安倍昭恵氏の名前や言動を書き込んだのだ。つまり森友学園の小学校設置は「安倍案件」であることを書きこんだ。しかし「森友事件」が明るみになって、安倍政権にとってはこの書き込みが逆に命取りになりかねない。そこから改ざんに手を付けたのだ。

疑惑の「2・22」

辰巳議員は「問題の核心は、公文書の改ざんの動機は何か、そしてそれを誰が指示したのか、だ」と指摘する。

「公文書管理法第1条には『行政文書等の適正な管理、歴史公文書等の適切な保存及び利用等を図り、もって行政が適正かつ効率的に運営されるようにするとともに国及び独立行政法人等の有するその諸活動を現在及び将来の国民に説明する責務が全うされるようにすることを目的する』とある。これに照らしても財務省が犯したのは国権の最高機関を欺く行為であり、歴史の改ざんに他ならない」（60ページ）

公文書はそれほど重要な文書である。その公文書が改ざんされた。

2018年6月4日国会に提出された財務省の調査報告書は、公文書改ざんの動機について、「国会審議において更なる質問につながり得る材料を極力少なくすることが主たる目的」と結論づけた。また「政治家関係者からの照会状況に関する記載など、決裁の内容には直接関係がなく、むしろ国会審議で厳しい質問を受けることになりかねない記載は、含めない（こととした）」とも述べている。

森友学園との契約に関する決裁文書には、「安倍昭恵」の名前が5カ所に渡って存在し、改ざん後の文書ではそれらは全て削除されていた。

決裁文書には、籠池氏が安倍昭恵氏を学校建設予定地に案内した際に、「いい土地ですから前に進めて下さい」と、昭恵氏が発した言葉も記載されていた。安倍官邸側にとって破談寸前だった国有地交渉をよみがえらせた、安倍昭恵氏が関与した明白な文言は絶対消さなければならなかったのだ。

改ざんしたのは、財務省の調査報告書で述べられている「更なる質問につながり得る材料を少なくする」というような程度のものではない。「私や妻がかかわっていたなら総理大臣も国会議員もやめる」と啖呵を切った安倍首相を守るために、昭恵夫人の名前や言動を消すことが至上命題だったのだ。

続けて辰巳議員は「では、公文書の改ざんは財務官僚が首相に対して忖度して行ったものなのか。２０１７年2月26日には財務省が改ざんを実行するまでの経緯を時系列で追うと、面白いことが分かる」と続ける。

「２０１７年2月22日、菅官房長官のもとで、ある会合が開かれていたことが、審議を通じて明らかになった。

会合のきっかけは、安倍首相だった。2月17日、首相が『私の妻が関与していれば総理大臣も国会議員もやめる』と答弁した後、菅官房長官に『特に家内の名前が出たから、しっかりと徹底的に調べろ』と指示し、官房長官が理財局、航空局幹部を呼んでいたのだ」(62ページ)

これほど大規模な改ざんは、財務官僚の忖度や判断だけでできるものでは決してない。やはり官邸の動きがあったのだ。

この会合で菅官房長官のもと、公文書改ざんの意思統一がはかられたことは間違いない。辰巳議員は、この会合に始まる公文書改ざんを、戦前の陸軍青年将校らが下士官兵を率いて起こしたクーデター未遂事件「2・26事件」になぞらえて「2・22事件」と呼んでいる。

「大変奇妙だったのは、この会合について野党が取り上げた当初の太田理財局長の答弁だ。『問題のある土地の売買ではないか』という説明を、佐川理財局長と航空局長が行ったと答弁する以外、その会合の同席者については、一切口をつぐんで明らかにしなかった」と、辰巳議員は太田理財局長の狼狽した答弁ぶりを次のように記している。

「2018年3月30日、4月3日、衆議院財政金融委員会において、立憲民主党の川内博史議員が立て続けに会合の同席者を訊ねても、太田理財局長は、

『同行云々という話は、それは行った責任者が理財局長ですので、基本的にそういうことだと御理解いただければと思います。私なりに理解するのに、説明するときに、基本的にトッ

プ一人で行くタイプの人間もいれば、誰かを連れていって、その連れていった人間に説明をさせてという人間もいますけれども、そういうレベルの話でございますので、責任をもっているのは理財局長でございますから、理財局長が説明に伺ったということで御理解を頂戴したいと思います』（30日）

『同席者といって、特段の同席者がいれば、それは何らかの御報告をしなければいけないということがあるかと思いますけれども、もう委員も御案内のとおり、普通に説明するときには、お一人か、あるいは担当する秘書官が一緒にいるかというレベルだと思いますので、そういう普通のお話だというふうに承知しております』（同）

大変な狼狽ぶりである」（63ページ）

太田理財局長は、意味の汲み取りにくい、回りくどい答弁を長々続け、言を左右にして同席者の名前を明らかにしようとしない。明かにするとまずい人物が同席していたからだ。

「4月3日も同様のやりとりが繰り返されたが、後に会合の同席者が判明した。会合には、財務省からは、佐川理財局長他、太田充大臣官房総括審議官、中村稔理財局総務課長が出席していた。

太田氏は『特段の同席者はいない』とうそぶいていたが、なんと自分もその場にいたのである（22日その会合が2度開かれ、太田氏は2度目は不参加）」（64ページ）

さて、最大の問題は「特段の同席者」の中村稔財務省理財局総務課長が、その会合の場にいたことだ。中村氏は、近畿財務局の申請を受け、本来売り払いが原則であるはずの国有地を最大10年間の貸付後に売却する「特例承認」を決裁している。その中には先述したように、安倍昭恵氏の関与が記された内容が記述されている。

財務省の調査報告書には、次のように書かれている。

「（決済文書改ざんは）国有財産行政の責任者であった理財局長が方向性を決定づけたものであり、その下で、総務課長が関係者に方針を伝達するなど中核的役割を担い」「（総務課長は）一連の問題行為について、理財局長に最も近い立場にあって、本省理財局内及び近畿財務局に（改ざんの）方針を伝達するなど、中核的な役割を担っていたと認められる」（68ページ）

改ざんの中核的な役割を担っていた中村稔総務課長がこの会合にいたからこそ、太田理財局長は言を左右にして同席者の存在を明らかにせず、隠す必要があったのだ。その中村氏がその会合に同席していたとなると、中村氏から菅官房長官は昭恵氏の名前が5カ所に渡って記載されていることを当然聞いているはずだし、菅官房長官から安倍首相にもそのことが伝わっていることになってしまう。

「ではなぜ隠したいのか。それは、菅官房長官が決裁文書の中の安倍昭恵氏の記述を知らなかったことにするためだ。そのために中村氏と昭恵氏が記載されている決済文書との関係をことごとく遮断しているのだ」（66ページ）

すなわち、官邸が決裁文書に安倍昭恵氏の名前が5カ所記載されていることを知らなければ、改ざんに関与することもない。しかし、実際には中村稔総務課長はその会合に同席していた。先述したように昭恵氏が関与している記述があることを中村氏の口から菅官房長官に伝わり、それは安倍首相にも伝わっているはずである。決裁文書に昭恵氏の関与の記述があると伝わった以上、官邸が改ざんの何らかの意思を示しているはずである。政権を揺り動かしかねない大問題になっているのに、官邸が何の反応も示さないということは考えられない。だいたいこの会合は安倍首相が菅官房長官に指示して集められている。官僚の「忖度」だけでこれほど大規模な改ざんが行われることはありえないことだが、官邸がそのことを知らなかったことにしておけば、官僚が勝手に「忖度」してやったことだと、官邸は改ざんの関与の疑惑から逃れられ、官僚に責任を押し付けることができる。

「森友事件」は、昭恵氏が「いい土地ですから前に進めてください」と発したことによって国有地がタダ同然で払い下げられ、そのことが明るみになるや官邸の意思が働いて公文書の改ざんが行われたことはほぼ間違いない。筆者が「森友事件」が「首相夫妻の犯罪」だという所以はここにある。改ざんは2月26日から始まった。

中村稔氏がその会合に出ていたことを認めざるを得なくなってからも、太田理財局長は語るに落ちた答弁をしている。

「4月18日衆議院財務金融委員会で、太田理財局長は、中村氏に聞き取りをした結果として、『2月22日の時点では、（決裁文書の安倍昭恵氏の記述について）彼は気が付いていなかったということでございます』と驚愕の答弁をした。

気が付いていないも何も、中村氏は特例承認の決裁文書に決裁をしている人物だ。全くつじつまが合わないではないか。参議院財政金融委員会で追及する私に、太田理財局長はなんと『（中村に聞き取りしたところ）中村は文書の中まで見ずに、決裁した』と答弁したのだ。嘘に嘘を重ねるとはこのことだろう。とにかく決裁文書にある安倍昭恵氏の名前を2月22日の会合までに知っている事は、不都合なのだ」（65ページ）

「では、中村氏はいつ知ったというのか」――辰巳議員は続ける。

太田理財局長「それ以降、官房長官の会見での質問あるいは国会での御質問というのがあって、要すれば、決裁文書ということがこの永田町かいわいで議論が起きてきたときに、決裁文書だ、そうだと思って、そのときに確認をしたというふうに彼は言っているというのは私も承知しております」（65ページ）

こんな馬鹿げた話が通用するはずがない。太田理財局長は中村稔総務課長が出席していたことを認めざるを得なくなったら、今度はその決裁した文書を読まずに決裁し、その時は昭恵氏が関与している記述があることは知らなかった、後で話題になってからそのことを知ったと見え見えのウソを重ねる。ここまでウソを重ねるのは、官邸が昭恵氏の関与の記述を知らなかったということにし続けるためである。それは官邸が昭恵氏の関与が公文書に記載されていることを知っており、何らかの改ざんの意思を示した、裏返しの証明にほかならない。

この期に及んで隠ぺい

国会答弁で何度も「廃棄した」と答弁を繰り返してきた、森友学園との応接録が国会に提出されたのは２０１８年5月23日である。

「その日は、９５７ページの決済文書が公表されることを受けて、参議院日本共産党控え室では、赤旗記者と国会議員秘書が待機していた。

膨大な資料が到着すると全員がすぐさま資料の調査に取り掛かった。これまでに公になっていない情報はあるか、政府答弁と矛盾する資料はあるか、などをチェックしていた」（69ページ）

応接録をチェックしていた秘書が、あることに気づいた。籠池氏が近畿財務局にスリーショットの写真を示した2014年4月28日の応接録が欠落しているのだ。

「改ざんされる前の決裁文書（2015年2月）には、『なお、打ち合わせの際、『本年4月25日、安倍昭恵総理夫人を現地に案内し、夫人からは〝いい土地ですから、前に進めてください〟とのお言葉をいただいた』との文言があり（森友学園籠池理事長と夫人が並んで写っている写真を提示）』（70ページ）

と、昭恵氏の言動が掲載されている。辰巳議員は「これは4月28日の応接録から抜粋だろう」と見る。この応接録には、さらに詳しいやりとりが記録されているはずだが、ないのだ。太田理財局長も辰巳議員の問いに「応接録は作ったのだろう」と答弁をぼかしている。

「957ページの応接録は出せて、この日の1枚が出せない。政権にとってよほど不都合な記述があるのだろう。恣意的に抜き取っていると、疑わざるを得ない。この期に及んで、この政権はどこまで腐っているのか」（70ページ）

会計検査院への圧力

２０１８年5月28日、衆参で行われた予算委員会集中審議で、小池晃参議院議員と宮本岳志衆議院議員は、共産党が独自に入手した文書で政権を追い詰めた。文書名は「航空局長と理財局長との意見交換概要」。

２０１７年9月7日に、財務省理財局と国土交通省航空局が、会計検査院や国会を欺くために協議したことを示すものだ。

その日、理財局から太田局長、中村稔総務課長、航空局からは蛯名局長、金井総務課長が一堂に会した。

文書からは、ゴミの撤去費用として見積もった８・２億円が課題だという印象を持たれないように、会計検査報告書には全部ではなく、重さを記入させようと画策するやりとりが記録されている。

航空局「『総額』を報告書から落とすこと」

理財局「『総額』を消すことが重要だが、それが難しい場合には失点を最小限にすることも考えなくてはいけない。少なくとも『トン数』は消せないのではないか。『全額』よりも『トン数』のほうがマシ。仮に『総額』が残る場合には、むしろ資産額をたくさん記述させ、いろいろなやり方があるとしておいた方がいい」（71〜72ページ）

憲法や会計検査院法で会計検査院は「内閣に対し独立の地位を有する」とされている。その会計検査院にまで財務省と国交相が介入しようとする生々しいやりとりが、暴露された。

理財局「両局長が官邸をまわっている姿をマスコミにみられるのはよくない。まずは寺岡（官房長官秘書官）を通じて官房長官への対応するのが基本」（72ページ）

辰巳議員は「結局、官邸と相談しながら検査院への介入を試みたということではないか」と指摘する。

「日本共産党の質問後、検査院は11月に検査報告書が公表される前の8月、報告書の原案を、財務省と国土交通省に渡していたことを認めた。そして、その年の11月の検査院報告には金額は盛り込まれなかった。検査院が政権に屈したと言われても仕方がない事態だ」（72ページ）

辰巳議員は「驚きはそれだけではない」と力を込める。協議では公文書の取り扱いについて

も、すり合わせが行われ、

航空局「今後決裁文書等についてどこまで提出していくべきか」

理財局「ないものは出せないが、これまでもある程度出してきており、個人的には出せるものはできるだけ出した方がいいと思う。出てしまうと案外追及されなくなるという面もある。ただし、政権との関係でデメリットも考えながら対応する必要はある」（72〜73ページ）

両局長は、文書にある9月7日に会合したことは認めた。ところが、文書の存否について航空局は、「（出席した）総務課長が作成したような記憶もある」と言いながら、「探したが見当たらない」としらを切る。（73ページ）

辰巳議員は「我々が提示した文書は、確かに存在する。面白いことに、結局両局長からは問う文書に記録されているやりとりの中身について否定する答弁は、一切なかった。認めたも同然だ」と結論づけた。

最高裁まで出せない文書

2018年6月18日、参議院決算委員会締めくくり総括質疑が行われた。辰巳議員は入手した別の内部資料を暴露した。この文書は行政機関の間のやりとりの公表を巡って財務省と国交省がすり合せしたことを示すメモで、そこには本省理財局と近畿財務局とのやり取りの記録は「最高裁まで争う覚悟で非公表とする」とある。政府が改ざんを認めた後も、財務省と国交省は改ざんの過程が記されていると思われる重要な文書を隠ぺいしていることを示すものだ。

辰巳議員「さらに驚くべきことは、近畿財務局と理財局とのやりとりの記録についてのメモの部分なんですけどね、こうあるんです。『近畿財務局と理財局とのやりとりについては、最高裁まで争う覚悟で非公表とする。』最高裁まで争ってまで隠したいものは一体何なのか。総理、改ざんを指示されていた近畿財務局の職員が追い詰められて自ら命を絶ちました。一体、本省からどのようなやり取りや指示が近畿財務局にあったのか、国民の前に真実を明らかにするべきです。近畿財務局と理財局とのやりとりを公表することこそ、うみを出すことになるんじゃないですか」（74ページ）

財務省は、近畿財務局との協議記録が存在することは認めた。

「ところがその提出については『役所の中のやりとりを公開することは、今後の職務の執行に支障が出るので公表は差し控える』と拒否している。国会と国民を欺き犠牲者まで出した公文書改ざんの強要が、どのように行われたのかをつまびらかにすることは政府の義務である。その公文書を出さないのは、つまり何の反省もしていないということではないか」（74ページ）

さらに、財務省、官邸、そして検察までもがグルになって事の真相に蓋をすることがうかがえる記述が次のくだりだ。

「5月23日の夜、調査報告書をいつ出すのかは、刑事処分がいつになるかに依存している。官邸も早くということで、法務省に何度も巻を入れているが、刑事処分が5月25日夜ということはなくなりそうで、翌週と思われる」（74〜75ページ）

改ざんされる前の14文書と957ページに及ぶ森友学園との応接記録が国会に提出されたのが5月23日。当所、調査報告書も同時に出されると言われていたが、結局見送られ6月4日となった。大阪地検特捜部に告発されていた、財務省と近畿財務局の職員38人が不起訴処分となったのは、5月25日の翌週の5月31日だ。

「官邸は当初、通常国会の会期末である6月20日までに、検察に不起訴処分を出させ、そして報告書を出して事件の幕引きを図る筋書きを描いていた。この文書はそのシナリオの実現のために、官邸が政治的中立の保障されるべき検察に介入していたことを裏付けるものだ。これを権力の乱用と言わずして何と言おうか」（75ページ）

辰巳議員はこの腐り切った安倍政権に怒りを込める。

2018年7月、財務省の人事異動が明らかになった。

文書厳重注意の処分を受けた官房長の岡本薫明氏は財務省事務方トップの事務次官となった。佐川氏後任の理財局長だった太田充氏は主計局長に。一方改ざん実行の中核的役割を担った中村稔氏は停職1カ月の処分を受け、格としては「横滑り」の官房参事官となったが、その後駐英公使に栄転したことは冒頭で記した。谷氏も中村氏も外交官への栄転と引き換えに遠く海外へ赴任させ、口封じをはかったのだ。

すでに国税庁を退職していた佐川氏は、「停職3カ月相当」で、約500万円減額された総額4500万円の退職金が支給された。どれも国民の納得を得られるようなものではない。

一方籠池泰典・前理事長と妻は、2017年7月31日、国や大阪府、大阪市の補助金を詐取した容疑で逮捕された。300日間にわたる異例の長期拘留だった。籠池氏は逃亡する恐れなどまったくない。むしろメディアの取材に積極的に出向き応じる。それが官邸側にとっては困りものだった。これも口封じである。

第11章 野望の破綻、深化した野党共闘

「瑞穂の國記念小學院」は頓挫

本稿を閉じるにあたって「森友事件」追及の到達点を整理しておきたい。まず「瑞穂の國記念小學院」の開設を頓挫させたことだ。塚本幼稚園のような軍国と皇国史観の愛国教育の幼稚園——小学校の一貫校の開校を夢見ていたのは、「一強」を誇る安倍首相であり、この10年来大阪で威勢を見せてきた維新の会の橋下徹氏であり、松井一郎氏だった。

籠池泰典理事長辞任後、森友学園の運営に乗り出している長男の佳茂氏は、週刊誌の独占インタビューに次のように答えていた。

「森友学園がつくろうとした小学校『瑞穂の国記念小学院』の完成を待ち望んでいたのは、ほかならぬ安倍晋三首相ですよ。結論を言うと、安倍先生は積極的には関与していない。政治家だから自らやれない部分について、妻の昭恵氏を通じて支援していただいたのだということです」（「サンデー毎日」2017年4月17日号）

その待ち望まれていた「瑞穂の國記念小學院」の開校を頓挫させたのだ。政治家の安倍首相が直接やりたくてもできないことを、「昭恵氏を通じて支援していただいた」というのは的を突いている。

籠池理事長は、自らが理想とする愛国教育を行う小学校の設置を思い立ち、大阪府私学課に申請し、土地を取得し校舎の完成まであと一歩という所までこぎつけた。軍国と皇国史観の愛国教育推進勢力は、籠池理事長の願望を利用し、「瑞穂の國記念小學院」を歪んだ愛国教育のパイロット（先導）校に位置付けて後押しし、ゆくゆくは公立学校まで広げようとしたのが彼らの野望だった。ある意味籠池理事長は彼らの野望に利用された犠牲者だったと言えなくもない。

ともあれその小学校設置の野望を頓挫させた意義は大きい。彼らの野望は市民、メディア、野党の追及と国民世論によって破綻に追い込まれたのだ。もし「瑞穂の國記念小學院」の開校を許していたら、軍国と皇国史観の愛国教育推進勢力や歴史修正主義勢力に弾みをつけさせていたことだろう。そして憲法9条の改憲策動にも弾みをつけさせていたことだろう。「瑞穂の國記念小學院」の頓挫によってそれは封じられた。

国会内野党共闘が画期的に深化

もう一つは、「森友事件」の追及を通じて野党共闘が画期的に深化したことだ。朝日新聞が公文書の改ざんのスクープ報道後も財務省は、公文書の改ざんの事実を認めようとせず、大阪地検の捜査を理由に答弁を拒む姿勢を取り続けた。それを打破したのが野党合同ヒアリングだったことはすでに触れた。野党が持っている改ざんの情報を突き付けて財務省にその事実を認めさせたのだ。合同ヒアリングは野党が合同で省庁幹部・担当者などから聞き取りを行い、政策要求を突きつけることにある。国会活動において新たな野党共闘の形態が構築されたのだ。野党合同ヒアリングは、働き方改革データの捏造に端を発し、「森友事件」の追及を通じて回を重ね、他のテーマまで広がった。この野党合同ヒアリングはこれまでに300回近くに及んでいる。

それればかりでない。「森友事件」の追及を通じて野党が持っている情報を共有し合い、質問内容をダブらせず、質問時間が無駄にならないよう、質問の調整を行った。それほどに野党間の連携と信頼関係がいっそう強まったのだ。参議院予算委員会の理事だった辰巳議員は、他の野党の議員から「変な答弁があったら止めてください」と声をかけられたという。辰巳議員は、他の野党の議員が質問する時にも委員会に臨んで質疑に耳を傾け、おかしな答弁や時間稼ぎの答弁には、議事を止めるためにしばしば委員長席に詰め寄った。

なぜ国会内の野党共闘がこれほど画期的に深化したのだろうか。「森友事件」が前代未聞のあまりにも酷い事件だったからだ。戦前回帰の愛国教育を行う、思想的に相通ずるお友達が理事長をしている学校法人に9億余の国有地をタダ同然で払い下げる。発覚するや「私や妻が関係していたということになれば、首相も国会議員も辞める」と啖呵を切り、官僚たちを忖度させる。官僚たちは安倍首相を守るためにウソの答弁を重ねる。挙句の果てには決裁文書を改ざんし、昭恵夫人の関与をもみ消そうとはかった。ウソの答弁や公文書の改ざんに関わった官僚たちは、行政処分されたもののそれぞれに栄転させる。安倍首相や麻生財務大臣は責任を取らず居座り続けている。こんな暴走を続ける安倍政権をこのままにしておいていいはずがない。これが野党共闘を深化させた原動力である。

大阪12区補欠選挙に宮本岳志氏が無所属で立候補

自民党の北川知克氏の死去に伴い、2019年4月21日投開票で衆議院大阪12区（寝屋川市、大東市、四條畷市）で補選が行われることになった。3月31日、共産党は近畿ブロック選出の宮本岳志衆議院議員が職を辞して12区に立候補すると発表した。現職の国会議員が職を辞して小選挙区に立候補するというのは、共産党にとって初めてのことである。立候補は宮本氏の申し出によるものだった。宮本氏はどういう動機で職を辞し、議員バッジを外してまで重い決断をしたのか。宮本氏の立候補の記者会見で述べた決意表明を引いておきたい。

「くしくも一昨日、大阪第一検察審査会が、この佐川元理財局長らの公用文書毀棄（きき）容疑などに対する大阪地検特捜部の不起訴処分について、『不起訴不当』とする議決書を公表しました。この議決を受けて大阪地検の再捜査が始まりますが、当然、刑事責任は徹底解明されなければなりません。

なぜ近畿財務局の職員が自ら尊い命を絶たねばならないような『公文書の改ざん』や廃棄が行われなければならなかったのか、その背景に『私や、妻や、安倍事務所が土地の売却に関係していたら、総理大臣も国会議員も辞める』という総理答弁があったことは、もはや明瞭です。

しかし、安倍首相は責任を取ろうともせず、麻生財務大臣も居直ったままです。かくなる上は、国民の審判、選挙で決着をつける以外にありません。

モリカケ疑惑追及でともに調査・ヒアリング、追及し、培ってきた野党の仲間たちとの連携を強めるとともに、5野党のみなさんに心から協力をお願いしたいと思います。

また、森友追及やレオパレス21問題などで、ともに力を尽くしてくださっている市民団体や法律家、ジャーナリストや専門家の皆さまのご協力も心からお願いしたいと思っています。

『市民と野党の共闘で安倍内閣に退場の審判を』。私は自らの退路を断って、この旗印を掲げてたたかい抜き、必ず勝利する決意です。

この大阪12区の補欠選挙で、安倍政権の悪政と真正面から対決できる候補は私しかおりません。消費税の10%増税、不正・隠ぺい・改ざんの政治、憲法9条の改悪など、『安倍政治の暴走にストップを！』と願われるみなさん、どうか党派を超えて、私、宮本岳志に、その願いを託してくださいますように、心からお願い申し上げて立候補の決意といたします」

宮本岳志氏は、暴走を続ける安倍政治を終わらせるために退路を絶ち、「歴史上の重要なたたかいも、あらかじめ勝算があってはじめられたものは、一つもありません。たたかいのなかで切り開く、勝ち取るものであります」という名言を放ち、敢然と立ったのだ。何という心揺さぶる言葉か。「森友事件」を共に追及した51人の現職・前職の国会議員が党派を超えて支援に駆けつけマイクを握った。延べ1000人近い選挙ボランティアが全国からはせ参じ、物心両面の支援が全国から寄せられた。

選挙の結果は維新の会の候補者が圧勝し、宮本氏は完敗した。選挙というのは論戦のかみ具合など様々な要因が絡み合い、勝つときもあれば敗れることもある。しかしこの12区の補選は、野党共闘にとって敗れた悔しさに勝る大きな財産を残した。

「森友事件」を共に追及した他の野党の国会議員が次々応援に駆けつけ、事実上宮本候補は野党統一候補としてたたかえたのだ。宮本氏は補欠選挙に当たって、

1、暮らしを守る。10月からの消費税増税に反対する。
2、安倍政権のもとでの憲法解体について反対。9条を生かす。
3、嘘や忖度の政治は、もうさようなら。
4、カジノより子育て支援、教育充実、防災強化。

というマニフェストを発表して臨んだ。自由党と社民党大阪府連は宮本候補を推薦した。立憲民主党や国民民主党は推薦に至らなかった。党首が支援に駆けつけ、推薦、非推薦の枠を超えて支援が広がったのだ。「森友事件」の解明と追及で深化した国会内の野党共闘が、大阪12区の選挙戦に体現されたといえる。

7月24日行われた参議院選挙は、5野党は市民連合が提案した13項目の政策内容で合意し、

定数1の32選挙区すべてで野党統一候補を擁立してたたかった。結果は安倍政権が執拗に狙っている9条の改憲発議に必要な3分の2を割り込ませた。

福井県選挙区は、共産党の公認候補が野党統一候補になった唯一の選挙区である。参院選公示前の党首討論会で安倍晋三首相（自民党総裁）は、枝野立憲民主党代表に対して、「福井県に住んでいたら、共産党の候補者に投票するのか」と、まだ残る反共アレルギーを利用し、むき出しの野党分断攻撃を仕掛けた。告示後福井市内で開かれた山田和雄候補の演説会に駆けつけた枝野代表は、党首討論で安倍首相から投げかけられた問いに対して「当然、野党統一候補に決まっている」と明快に述べた。

そうした野党分断攻撃を乗り越えて10選挙区で野党統一候補が勝利した。それもメディアがほとんどの自民党現職候補が優勢と報道する中、野党統一の新人候補が自民党の現職を次々と打ち破ったのだ。

その参議院選挙の投票率は50パーセントを割る史上2番目に低い投票率だった。安倍首相がとことん政策論戦を回避し、有権者の関心を低調にさせたからだ。メディアの調査によると、参院選の投票に「行かなかった」と答えた人にその理由を聞いたところ、「政治や暮らしが変わると思えない」と答えた方が3割近くで1位。注目すべきは、安倍内閣に批判や不信をもっている人々のなかでも、一票を投じても「変わると思えない」という回答がトップになっていることだ。論戦が盛り上がり投票率が上がっていたらもっと改憲勢力を追い詰めていたことだろう。

野党が政策と政権合意し、安倍政権に代わって野党政権がどんな政治をやろうとするのか、具体的旗印が国民に見えるようになれば、「政治は変えられる」と投票に足を運ぶ人が増えるだろう。

安倍官邸が「森友事件」を反省せず、居直り続けている以上、政治家に責任を取らせるのは、政権を変えることによってしかない。次の国政選挙は政権選択の衆議院選挙である。おごり高ぶり、暴走する安倍政権を打倒するには、当面する政策合意にとどまらず、野党連合政権について合意をはかり、すべての小選挙区で野党統一候補を擁立してたたかうことだ。定数1の参議院選挙区で野党統一候補をたたかったのは16年と今回と2度あるが、すべての衆議院小選挙区で臨むのは初めてのことである。これを成功させられるかどうかが今、野党に問われている。政党間争いが激しい都市部の大阪12区補選のたたかいは、その貴重な先駆けをつくった。

野党連合政権ができれば「最高裁まで争ってでも出さない」と言っている公文書も国会に提出させることができる。安倍首相には啖呵を切った言葉通り国会議員辞職を促す決議をして辞めていただく。

「幕引きなんかさせてたまるか」

２０１９年８月31日、豊中市のアクア文化ホールは、「森友学園問題を考える会」が開いた集会「幕引きなんかさせてたまるか！」に、満席の４８０人が集まり、疑惑を徹底究明し、安倍政権をはじめ政治の責任を問い続けていこうとの熱気にあふれていた。折しもこの日「考える会」は結成3周年の日である。

この日のゲストと対談者の言葉を紹介して、本稿を閉じることとしたい。

第1部の特別ゲストで招かれた朝日新聞論説委員・編集委員の高橋純子さんは、次のように語った。

「安倍政権は超えてはならないハードル（議会制民主主義）を超え、それでも罪にならない。開き直りと屁理屈がまかり通るきっかけをつくったのが『森友問題』だった。そして、国会でウソをついてもお咎めなしどころか栄転するという政権だ。

では、なぜこんなに開き直れるのか、それは私たちが忘れやすいから、国民がみくびられているからだ。『おかしい』と思っている人たちに対しては、『いつまでやっているのか』と嘲笑し、やがて諦めムードが広がる。大切なことは決して忘れないこと、ネチネチ言いつづけること、説明責任を果たさせるのがメディアの役割だと自戒を込めている。

……『森友問題』について朝日新聞が第一報を出し、また、公文書改ざんについて1面で大きく取り上げましたが、政治・経済・社会部が総がかりで取材に参加したということです」

前代未聞の「森友事件」は安倍夫妻の関与が明々白々になった。にもかかわらず、安倍首相が責任を取らず辞めないのは、希代の厚顔無恥、恥知らずだからだ。そして政権にしがみついているのは、ひとえに憲法9条改憲の野望があるからだ。そのことを確認したうえでも国民の側にも忘れやすく、政権側に見くびられているという指摘も率直に認めたい。

第2部の宮本岳志氏と大川一夫弁護士の対談で、大川弁護士は次のように語った。

「佐川前理財局長ら10名が不起訴になったことに対して、『おかしい』と異議を唱える声が上がらなかった。市民の怒りが萎えてしまっているのではないか。怒りを持続させ、どのように闘うのかを考える必要がある」

高橋さんがいう国民の側の忘れやすさと、大川弁護士がいう怒りが萎えてしまっていることとは、メダルの表と裏の関係だ。忘れず覚えていれば怒りも萎えない。

では何をすればいいのか。特別ゲストの松尾貴史さん（タレント・コラムニスト）は、「耳目を集め続ける工夫をすること。事実だけでなく、目にとまるような仕掛けが大切。間を置くことも必要。安倍政権はそれがうまい」と。また高橋さんは「ただ怒るだけではなく、表現方法はいくらでもあるという希望を持つことが大切」と。

安倍官邸にとっても維新の会にとっても、「森友事件」は国民に忘れてほしい悪夢だった。もう話題にしてほしくないことである。であるならばあらゆる表現を用いて、民主主義を取り戻すためにネチネチと「森友事件」を語り、安倍政権の暴走ぶりを語っていくことだ。

そんな矢先、神奈川県大磯町議会で「森友学園問題『安倍首相は猛省を』」という、安倍首相を名指しで批判する決議が賛成多数で採択された。自民党系や公明党の〝与党議員〟も賛成し、歴代首相が別邸を構えた地の議会が現役首相に手厳しい意見を突き付けた。首相を名指しで批判する決議は、全国でも例がないという（「神奈川新聞」2019年10月4日）。

「町議会が賛成12、反対1で可決したのは、『内閣総理大臣　安倍晋三衆議院議員に猛省を求める決議』。学校法人『森友学園』を巡る決裁文書改ざんで大阪地検特捜部が財務省幹部を不起訴としたことに対し、『安倍首相への忖度（そんたく）に感じられるのは私たちだけでない』と批判。『政府を監視し、不正や疑惑を解明する任務を負っている』とし、首相に国会議員としての責務に専念するよう注文を付けた。

提出者の柴崎茂氏は、台風15号による千葉県の停電に触れ『深刻な被害の中で内閣改造を行った。安倍首相は庶民のことをどれだけ考えているか。地方議会も見ているという姿勢を示したい』と説明」

小さな町の大きな決議である。こういう良識ある動きが広がることを期待したい。本書もまたその一助になれば幸いである。

おわりに

本稿を書き終えようとする頃、森友学園をめぐる国有地売却問題で、情報開示請求に対し、財務省が「不開示」としていた行政文書およそ5600ページをテレビ東京が入手したと報じられた（11月8日）。「最高裁まで出さない」といっていたあの財務省理財局が近畿財務局の職員に改ざんを強要した過程を示す文書である。官邸の指示、関与の証拠も明らかになる可能性もある。しかし肝心な所は黒塗りだった。

同じく本稿を書き終えようとする頃、公的行事の私物化という「桜を見る会」疑惑が表沙汰になった。虚偽答弁、隠ぺい、データの廃棄という、「森友事件」の幕引きと瓜二つである。権力を握ったら咎めなしに何でもできる――もはや法治国家などはない。独裁国家といわれても仕方がない。国家的危機である。やはりこんな政権は変える以外にない。

「森友事件」はこれだけの大事件だったのに、事件の背景や動機、国有地がタダ同然で払い下げられ、それに関与した人物を消すために公文書が改ざんされるまでの全体像と事件の到達点がまとめられたものは今のところない。誰かがその作業をやらねばならない。ならばと非力を顧みず、2019年夏の参議院選挙後から執筆に取り掛かった。

慌ただしい活動の合間をぬっての作業で、重要な資料を見逃していたり、消化不足のことがあるだろう。しかし「はじめに」にでも記したように、「森友事件」を幕引きする動きがはっきり表れており、「森友事件」を国民の記憶から消え去ろうとする動きを座視することはできなかった。その目的が達せられたかどうかは、読者の判断に委ねたい。

宮本岳志氏は疑問な点に丁寧に答えていただいた。また岩下経興氏には原稿に目を通していただき、貴重なご意見をいただいた。記して感謝申し上げる。

「森友事件」関連年表

1950年4月1日	学校法人森友学園創立。
1953年8月25日	大阪府、学校法人森友学園塚本幼稚園認可。
1986年	籠池泰典氏、塚本幼稚園幼児教育学園長に就任。
2011年7〜9月	森友学園籠池理事長、小学校認可申請基準の見直しを要望。
2012年4月1日	大阪府、小学校設置の認可基準改正。
2013年8月5日	森友学園、鴻池祥肇議員事務所に面談、要望。以降鴻池事務所に繰り返し面談、要望。
2013年9月2日	森友学園、近畿財務局に国有地取得（定期借地）要望書を提出。
2014年4月25日	安倍昭恵夫人、森友学園塚本幼稚園で講演、小学校予定国有地を籠池夫妻と視察。
2014年4月28日	近畿財務局、森友学園の国有地取得（定期借地）要望に対して「いつまでも待てない」と三行半。籠池理事長、交渉継続を要望。「安倍昭恵夫人を現地に案内し、『いい土地ですから前に進めてください』とのお言葉をいただいた」と、昭恵氏とのスリーショットの写真を提示。
2014年6月2日	近畿財務局、森友学園に借地要望に「協力する」と回答。
2014年10月31日	森友学園、小学校設置を大阪府私学審議会に申請。

2014年12月6日　昭恵夫人、塚本幼稚園で講演。演題「ファーストレディとして思うこと」。
2014年12月18日　大阪府私立学校審議会の定例会、森友学園の小学校設置認可保留に。
2015年1月27日　大阪府私立学校審議会の臨時会、小学校設置を「条件付き認可適当」と答申。
2015年5月29日　大阪財務局と森友学園が買い受け特約付き10年の定期借地を契約。
2015年5月29日　国と森友学園、定期借地権を契約。保証金として2730万円納付。
2015年9月3日　安倍首相、官邸で岡本薫明財務大臣官房長、迫田英典理財局長と打ち合わせ。
2015年9月4日　近畿財務局と大阪航空局、設計業者、工事業者の4者が埋設物処理の打ち合わせ。
安倍首相、昭恵夫人同伴で来阪。安倍首相、読売テレビのワイドショー「ミヤネ屋」「そこまで言って委員会」に生出演。
2015年9月5日　昭恵夫人、「瑞穂の國記念小學院」名誉校長に就任。塚本幼稚園で記念講演。
2015年10月16日　森友学園が地下埋設物の撤去と土壌汚染対策法に基づく工事完了。
2015年10月26日　籠池理事長、定期借地期間の延長などを昭恵夫人付き職員・谷査恵子氏に手紙で要望。谷氏、籠池氏の要望を田村嘉啓財務省国有財産審理室長に照会。

2015年11月17日　田村国有財産審理室長が谷氏にファックスで返書。

2016年3月11日　森友学園、「新たなゴミ」が出たと近畿財務局に連絡。

2016年3月15日　籠池夫妻、田村国有財産審理室長に「新たなゴミ」で直談判。

2016年3月24日　森友学園、借地の購入を申し出。

2016年3月30日　大阪航空局が森友学園に埋設物・土壌改良費用（有益費）として1億3176万円支払いに合意。

2016年4月6日　大阪航空局、「有益費」1億3176万円を森友学園に支払い。

2016年4月14日　大阪航空局、「新たなゴミ」撤去費用として8億1900万円と見積り。

2016年5月31日　不動産鑑定士、更地価格9億5600万円と査定。

2016年6月16日　森友学園が国有地を購入。代金1億3400万円。10年間の分割払い。年利1％。

2016年9月4日　平成27年度サステナブル建築物等先導事業（木質先導型）の採択プロジェクトで、森友学園に最大6194万円の補助金を決定。

2017年2月8日　木村真豊中市議、売却価格の情報公開請求を求め近畿財務局を提訴。記者会見。

2017年2月9日　朝日新聞、「学校法人に大阪の国有地売却　価格非公表、近隣の1割か」と報道。

2017年2月15日　宮本岳志議員、国会（衆議院金融財政委員会）で森友疑惑を初めて本格追及。
2017年2月17日　安倍首相、「私や妻が関係していたら総理も国会議員も辞める」と答弁。
2017年2月21日　宮本議員、2回目（衆議院金融財政委員会）の森友疑惑追及。
2017年2月22日　菅官房長官に佐川理財局長、中村稔理財局総務課長、国交省航空局次長らが報告・説明。
2017年2月26日　財務省理財局、決裁文書を改ざん始める。昭恵夫人や政治家関係の記述を削除。
2017年3月1日　小池晃議員、参議院予算委員会で自民党議員事務所の面談記録を示し追及。同日鴻池元防災相が記者会見し、自身の面談記録であることを認める。
2017年3月10日　籠池理事長が記者会見し、「瑞穂の國記念小學院」の設立認可申請を取り下げ。理事長を辞任すると表明。
2017年3月23日　石川たえ府会議員、大阪府議会教育常任委員会で森友疑惑を追及。
2017年3月23日　籠池氏、衆参予算委員会で証人喚問。証言後記者会見し、谷氏から届いた田村国有財産室長からのファックス返書を公表。
2017年7月5日　佐川理財局長、国税庁長官に栄転。後任理財局長に太田充氏。
2017年7月31日　籠池夫妻逮捕。300日拘留。

2017年11月22日　会計検査院が検査結果を報告。
2018年1月　財務省、法律相談文書を国会に提出（2月に追加報告）。
2018年2月1日　辰巳孝太郎議員、予算委員会で森友疑惑を質問、追及。
2018年2月15日　宮本議員、衆議院予算委員会で森友疑惑を質問、追及。
2018年3月2日　朝日新聞、「森友文書　書き換えの疑い」と報道。
2018年3月9日　佐川国税庁長官辞任。
2018年3月12日　財務省、決裁文書の改ざんを認める。
2018年3月27日　佐川元理財局長、衆参予算委員会で証人喚問。
2018年5月23日　財務省応接録、決裁文書を提出。
2018年5月28日　小池議員、宮本議員、衆参予算委員会で理財局長と航空局長の「口裏合わせ」の文書を示し追及。
2018年5月31日　大阪地検特捜部、財務省関係者38人を不起訴処分。
2018年6月4日　財務省、調査報告。関係者の処分を発表。国交省応接録を提出。
2018年6月18日　辰巳議員、予算委員会で新たな2文書を暴露し追及。「最高裁まで争う覚悟で非公表」と隠ぺい続け、官邸が検察にまで介入。
2018年7月27日　財務省、人事異動。厳重注意の岡本氏が事務次官に、停職処分の中村稔氏が参事官に。
2018年11月26日　辰巳議員、参院予算委員会で試掘写真データ解析を示し、使い回しを追及。石井国交大臣が「同じ写真の可能性」認める。

2019年4月9日　宮本氏、職を辞して衆議院大阪12区補選に立候補。

2019年5月30日　大阪地裁、木村真市議らが売却額の非開示を違法とした裁判で一部認める判決。

2019年8月9日　大阪地検特捜部、大阪第一検察審査会が「不起訴不当」と議決した佐川氏ら10人について再び全員を不起訴処分。

2019年11月8日　東京テレビ、財務省が「不開示」としていた森友事件にかかわる行政文書を入手するも、肝心の部分は黒塗り。

2019年12月17日　大阪高裁、木村真市議らが売却額の非開示を違法とした控訴審で全面的に国の責任を認める判決。

【引用・参考文献】

平井美津子『教育勅語と道徳教育』（日本機関紙出版センター、2017年6月）
斉加尚代／毎日放送映像取材班『教育と愛国』（岩波書店、2019年5月）
相澤冬樹『安倍官邸 vs. NHK』（文芸春秋、2018年12月）
相澤冬樹×宮本岳志「森友問題は『政治とメディア』の何を問うか」（前衛2019年9月号、日本共産党中央委員会）
大阪府議会議事録
衆議院議事録
参議院議事録
朝日新聞
大阪日日新聞
サンデー毎日
しんぶん赤旗
木村真ホームページ
森友学園ホームページ
ネット番組「インディペンデット・ウェブ・ジャーナル」（IWJ INDEPENDENT WEBJOURNAL）
財務省ホームページ
国土交通省ホームページ
田中龍作ジャーナルホームページ
ネット番組「なにぬねノンちゃんねる」

【著者紹介】

渡辺　国男（わたなべ　くにお）

1945年福井市生まれ。大阪府在住。
大阪市立大学商学部卒。
民間会社、関西勤労者教育協会を経て、日本共産党大阪府委員会勤務。
現日本共産党国会議員団大阪事務所員（非常勤）。
著書「肺がんステージⅣ　山好き女の挑戦」（新日本出版社）。

ドキュメント「森友事件」の真相
首相夫妻の野望と破綻、そして野党共闘

2020年3月5日　初版第1刷発行

著　者　渡辺国男
発行者　坂手崇保
発行所　日本機関紙出版センター
〒553-0006　大阪市福島区吉野3-2-35
TEL 06-6465-1254　FAX 06-6465-1255
http://kikanshi-book.com/
hon@nike.eonet.ne.jp
本文組版　Third
編　集　丸尾忠義
印刷・製本　シナノパブリッシングプレス
©Kunio Watanabe 2020
Printed in Japan
ISBN978-4-88900-978-1

万が一、落丁、乱丁本がありましたら、小社あてにお送りください。
送料小社負担にてお取り替えいたします。

日本機関紙出版の好評書

『日本国紀』をファクトチェック
史実をどう歪めているか

家長知史・本庄豊・平井美津子

都合の悪い史実を見ない、なかったことにしようとする――そんな風潮に未来はない！天皇、大日本帝国憲法、朝鮮開国、日清・日露戦争、関東大震災と朝鮮人虐殺、南京大虐殺、大東亜共栄圏、沖縄戦、「慰安婦」問題、靖国神社、天皇の戦争責任、そして日本国憲法…など歪められた記述を検証する！

四六判　242頁　本体1500円

日本機関紙出版
〒553-0006　大阪市福島区吉野3-2-35
TEL06(6465)1254　FAX06(6465)1255

天皇の「代替わり儀式」と憲法

中島三千男・著

安倍政権による天皇の政治利用は、この秋の即位礼、さらに大嘗祭に向けたキャンペーンで、より一層強まるだろう。国民主権の憲法下、批判的視点を持ち冷静に対処する視点を！

A5判　100頁　本体900円

日本機関紙出版
〒553-0006　大阪市福島区吉野3-2-35
TEL06(6465)1254　FAX06(6465)1255

こんなものいらない！
消費税、戦争、そしてカジノ

フリージャーナリスト
西谷文和

2019年は選挙の年。大事なのは「忘れない」「あきらめない」「だまされない」こと。西谷流「アベ政治」打倒の第一歩は「こんなものいらない！」って思い切り叫ぶことから。この本で納得したあなたの思いを、さあ行動に！

A5判ブックレット　本体900円

日本機関紙出版
〒553-0006　大阪市福島区吉野3-2-35
TEL06(6465)1254　FAX06(6465)1255

戦争はウソから始まる

西谷文和（イラクの子どもを救う会・戦場ジャーナリスト）

長年、戦地の子どもたちに寄り添い、戦争の真実を取材し続けてきた著者だからこその最新のレポート。南スーダン日報問題、米朝会談、ルワンダ、ソマリアから戦争のリアルを告発する！

A5判ブックレット　本体900円

日本機関紙出版
〒553-0006　大阪市福島区吉野3-2-35
TEL06(6465)1254　FAX06(6465)1255